國家古籍整理出版專項經費資助項目

李贄全集續編

張建業 主編

疑耀

史明文 整理

首都師範大學出版社

圖書在版編目(CIP)數據

李贄全集續編. 疑耀/(明)李贄編著;史明文整理;張建業主編. —北京:首都師範大學出版社,2020. 12

ISBN 978-7-5656-6198-3

Ⅰ. ①李…　Ⅱ. ①李…②史…③張…　Ⅲ. ①李贄—1527-1602—文集②筆記—中國—明代—選集　Ⅳ. ①B248. 915-53②Z429. 48

中國版本圖書館 CIP 數據核字(2020)第 267361 號

李贄全集續編/張建業　主編

疑　　耀

史明文　整理

項目統籌　楊林玉　　　責任編輯　來曉宇

責任印製　李春雷　　　封面設計　王征發

首都師範大學出版社出版發行

地　址　北京西三環北路 105 號

郵　編　100048

電　話　68418523(總編室)　68982468(發行部)

網　址　http://cnupn.cnu.edu.cn

印　刷　中煤(北京)印務有限公司

經　銷　全國新華書店

版　次　2020 年 12 月第 1 版

印　次　2020 年 12 月第 1 次印刷

開　本　710mm×1000mm　1/16

印　張　13.25

字　數　180 千

定　價　78.00 元

目録

卷二

卷三

卷四

卷五

卷六

卷七

附録

點校説明

《疑耀》七卷，舊題明李贄撰，《四庫全書》館臣定爲明張萱著。全書約八萬五千餘字，分七卷，每卷有若干條目，每條自立標題，共有四百零六條。《疑耀》内容龐雜，涉及群經諸史、傳聞逸事、宗教、書畫、音律、醫藥、科技等，《四庫全書》將其列入子部雜家類雜考之屬。此書尊孔崇儒，宗經徵聖，辟佛斥道，維護封建禮教。作者以筆記的形式，將讀書所得、目見耳聞的材料逐條整比，相次札記，勒成一帙，雜而不亂，行文謹飭平正，既考訂歷史，評説得失，也述當代典章制度，録歷代奇聞異事。論證時旁徵博引，剖析精詳，四庫館臣稱其「考證故實，循循有法」，「言謹而不肆」，「考證乃往往有依據」。

關於《疑耀》的作者，有争議。清代以來的書目及徵引諸家，有的署名李贄，有的署名張萱。《疑耀》舊題李贄著，張萱校訂。李贄著述宏富，有《焚書》、《續焚書》、《藏書》、《續藏書》等，風靡一時，以至有假託其名而行世者。舊本《疑耀》卷首有張萱序言，簡述刊行緣由，稱「曩余在青衿時，嚮慕先生當代羽儀，負笈數千里，修謁先生之門……及侍函丈有日，廼裒一編見示，屬以訂正……戊申歲，余叨以地官，分務吴會，視事之暇，檢之笥中，登梓以廣其傳」。清代，有人認爲《疑耀》是李贄所作，如朱文藻之《振綺堂書録》，周郁濱在其《珠里小志》中也引作「李氏《疑耀》」。近現代，也有學者將其視爲李贄著作，如鄭振鐸認爲「《疑耀》七卷，題李贄撰，張萱訂，《四庫總目提要》徑作張萱著。按：萱所刊書甚多，如《云笈七籤》、《北雅》等，皆不没作者之名。此書若果爲萱自著，何故必假名卓吾？此甚可疑也。雖有數則似出萱手，或是其增入之語，未可因此没殺卓吾此一著作也」。（《西諦題跋》）現代學者多視《疑耀》爲張萱所著。張萱，廣東博羅人，明代學者，有《西園聞見録》、《北雅》等著作行於世。《嶺南遺書》本卷首有張萱新序，簡述《疑耀》出版過程，稱「三十年前，余爲《疑耀》，凡二十七卷，蓋未卒之業也。歲戊申。分司吴關，焦太史竑、黄觀察汝亨讀而嗜之，遂相與爲序以授梓。時榷事已竣，得代，僅梓行七卷，余即奉先太安人還里，尚餘二十卷未授梓也。此七卷者，頗行於世，海内知己往往貽書求索，謂二十卷當盡以梓行」。後來發現「不知何人借爲閩禿李贄所著」，「謂余止校訂此書，復僞余撰一序」，十分氣憤，指出書中破綻，認爲「即三尺之童，讀之亦皆知爲嶺南張某所著」。清代，屈大均在《廣東新語》、王士禎在《古夫于亭雜録》中均認爲《疑耀》是張萱所著，而駕名於李贄。乾隆時修《四庫全書》，四庫館臣列舉例證，定《疑耀》爲張萱所著，得到多數學者認可。晚清伍崇曜將其刻入《嶺南遺書》，删去張萱舊序，補入張萱新序，並撰跋語，再次論證《疑耀》爲張萱所著。各家書目著録此書時也多署名張萱，如莫友芝《郘亭知見傳本書目》、李慈銘《越縵堂讀書記》等。現代學者，如馮友蘭、容肇祖均認爲《疑耀》是張萱所撰，容肇祖撰有《〈疑耀〉考辨》。毛慶耆撰有《〈疑耀〉著作權之「張」冠「李」戴》（《中國典籍與文化》一九九八年三期）、《明代嶺南學者張萱及其〈疑耀〉》（《暨南學報》（哲社版）二〇〇三年五期），力辨《疑耀》非李贄所作。著名李贄研究專家張建業先生也曾撰文，進一步論證，指出《疑耀》應爲張萱所著。

關於《疑耀》的版本，《中國古籍善本總目》著録有兩種，即「《疑耀》一卷，明張萱撰，萬曆刻本，八行十六字，白口，四周單邊。」和「《疑耀》一卷，明張萱撰，萬曆刻本，鄭振鐸跋。」《中國古籍總目》著録七種版本，即「明萬曆三十六年刻本，影抄萬曆三十六年嶺南張萱刻本，明萬曆間刻本，明萬曆間吕東山刻本，明刻本，四庫全書本，嶺南遺書本」。其中《四庫全書》本中文淵閣本、文津閣本和文瀾閣本三者之間文字也略有不同，如文淵閣本卷七《石介不能書》，文津閣本和文瀾閣本作《石介真蹟》。後來的影印本，多以《嶺南遺書》本爲底本，如《叢書集成初編》、《叢書集成新編》、《廣州大典》等。

本次整理以文淵閣《四庫全書》本爲底本，校以國家圖書館藏明萬曆間吕東山刻本（簡稱吕本）、明萬曆間刻本（簡稱明刻本）、《嶺南遺書》本，並參考了文津閣《四庫全書》本、《叢書集成初編》本（排印《嶺南遺書》本）和文中所引相關文獻，進行點校。整理時，將四庫館臣所撰提要及每卷首「明張萱撰」删去。避諱字、俗體字徑改不出校。底本與參校本的文字差異以脚注的形式擇要在文中注出，參校本缺失的條目不再出注。

史明文

二〇一四年九月於首都師範大學

《疑耀》原序

萬曆己亥歲，卓吾先生《藏書》出，一時士大夫翕然醉心，無論通邑大都，即窮鄉僻壤，凡摻觚染翰之流，靡不争搆，殆急于水火菽粟也已。既而《焚書》、《説書》、《易因》諸刻種種，漸次播傳海内，愈出愈奇，不啻長安紙貴，僉謂先生著述無遺矣。曩余在青衿時，嚮慕先生當代羽儀，負笈數千里，修謁先生之門。庶幾幸拾咳唾，不謂甫再見，遂倒中郎之屣。及侍函丈有日，廼裒一編見示，屬以訂正。初矍然懼，既躍然喜，私念曰：余果有當于先生者耶！及門者多矣，胡不他屬而我屬也。再拜而受。至于莊誦竟業，廼見上遡黄虞，近該昭代，大而經史，細及裨官，四始之宗，三倉之學，禮樂畢踪，經綸咸貫，拯二氏之沈冥，覺九流之迷妄，名物辯其異同，輿論正其毁譽，攄獨得之見，决千載之疑，猗歟盛哉！所謂探賾索隱，窮理盡性，無過是編矣。卷心七篇，倣子輿氏題曰《疑耀》。若以莊叟自居，此先生之謙也。余向以爲枕中之寶，然輕傳之而終秘之，均非先生授書意也。戊申歲，余叨以地官，分務吴會，視事之暇，檢之笥中，登梓以廣其傳。余知是編之行也，王充之《論衡》讓其確，應劭之《風俗通》讓其典，班固之《白虎通》讓其辯，蔡邕之《獨斷》讓其閎，其他諸子，瑣猥勦襲，徒足以騁談資，于實際蓋茫然已，豈能窺先生之藩籬耶！雖然，非特超軼古人已也，即先生《藏書》諸集，或專揚確古今，或專研精訓詁，至求上下骨徹，天人會通，亦當以是編爲首出云。張萱序。

卷一

孔子無鬚眉辨

先聖生有異質，凡四十九表，萇弘之所談，姑布子卿之所稱，老萊弟子之所識，荀卿、司馬遷之所述，亦云備矣。獨未及舌者，舌内藏，不得稱表也。緯書所載舌理七重，又鈎文在手，共四十九表，其言互異，至鬚與眉，則載記皆未之及，惟《祖庭》、《纂要》謂孔子眉有十二采。《孔叢子》述子思之言，乃曰「先君生無鬚眉，天下王侯不以此損其敬」，何燕泉亦信。然其説謂先聖委無鬚眉，今世所傳先聖之像頷頰間鬚髯甚盛，謂皆吴道玄誤筆也。第今闕里有先聖行教小圖，又一如吴道玄筆，豈先聖後人所傳，亦可云誤筆耶！余按：《左氏傳》魯昭公七年，孟僖子病，命其子學禮於孔子，其言曰：「聖人有明德者，若不當世，其後必有達人，今其將在孔丘乎？」孔子生魯襄公二十一年，至是年僅十有七耳，其爲當時尊敬如此，故《孔叢子》所云者，謂先聖雖少年未有眉鬚時，天下王侯亦皆起敬，不敢以爲稚幼而狎之，非真謂果無眉鬚也。按：《方言》：「東齊謂老曰眉」，此言無鬚眉者，猶云未鬚而老也。若作眉毛之眉，則誤矣。夫無鬚尚可信，至於無眉，亦可信乎？

舜有兄妹

舜弟曰象，或云隨母嫁瞽瞍者，未知是否。然人皆知舜有弟象，而不知其有兄與妹也。《尸子》曰：「舜事親養兄，爲天下法。」是舜有兄，但逸其名耳。許氏《説文》：「畫嫘，舜妹。」嫘或作㛢，《史正義》作顆，又作繫。畫始於嫘，故曰畫嫘。《列女傳》「舜女弟繫，與二嫂諧」是也。故或云：「瞽瞍與象欲殺舜，其妹嫘每爲之解，故舜得免。」但不知其與舜同母否。又按：《世本》曰「黄帝之臣史皇善圖畫」，則畫又非始于舜妹矣。《事物紀原》引《周穆王傳》「穆王時其臣封膜始作畫」者，誤也。唐張彦遠《歷代名畫記》、郭若虚《圖畫見聞志》、鄧椿《畫記》又《畫紀補遺》、陳德輝《續畫紀》、米芾《畫史》、湯君載《畫鑒》、夏文彦《畫評》諸書皆詳畫所自始，然亦皆止言有虞作畫，而不知作畫者舜妹嫘也，故詳著之。

生子無功

晉元帝生子，普賜羣臣。殷羨謝曰：「臣無勳，猥蒙頒賚。」帝笑曰：「此事豈可使卿有勳？」《苕溪漁隱》又載南唐時宮中賜洗兒果，有近臣謝表云：「猥蒙寵數，深媿無功。」李主曰：「此事卿安得有功？」何前後人之紕繆相合如此。

姣童

司馬温公家一僕，三十年止稱君實。許魯齋在中書日，欲買一僕，牙儈以能應對、嫺禮節者進，輒謝去，最後得蓬首垢面愚騃者乃用之。或詰其故，許曰：「聰明過我，我反爲其所使矣。」旨哉斯言。余見衣冠家畜姣童，如龍陽秦宫輩，非惟能役使主人，且往往能滋物議，乃知魯齋之言非欺我也。余性絶不喜此輩，交遊中嘗以爲訝。余曰：「許魯齋聰明人，尚恐爲奴僕聰明者所役，余愚騃人也，能堪其役使乎？」

誤躬作弓

漢陳寔字仲弓，余嘗疑之。漢人名字皆相合，以弓字寔有何意義？及讀洪适《隸釋》載寔壇碑，「君諱寔，字仲躬」，乃了然始知諸書皆誤作弓，第洪氏又謂躬乃借作弓字用，又何誤也。

書籍板行

上古書籍皆編竹爲簡，以韋貫之，用漆作書，簡袠浩重，不便提挈。自有製紙筆及墨者，乃易去竹簡，誠爲便易，然皆寫本，亦未有刻板印行也。後唐明宗長興二年，宰相馮道、李愚請令刊國子監田敏校正九經。又毋昭裔貧時，嘗借《文選》於交遊，其人有難色，昭裔發憤曰：「異日若貴，當版鏤之，以遺學者。」後仕孟蜀爲宰相，遂踐其言。又以石鏤九經於成都，是印行書籍始之者。後唐繼之者孟蜀也。葉夢得曰：「書籍未印行之先，人以藏書爲貴，書雖不多，而藏者精於讐對，故往往皆有善本，學者以傳録之難，故誦讀亦精詳。」蘇東坡作《李公擇山房藏書記》亦謂：「少時嘗見前輩欲求《史記》、《漢書》不可得，幸得之，皆手自書，日夜誦讀，惟恐不及。近市人轉相摹刻諸子百家之書，日傳萬紙，學者於書既多且易致如此，其文辭學術當倍蓰昔人，而今乃不然者，豈非多而難精耶？」二公之言誠中時弊。

高皇帝像

先大夫令滇時，從黔國邸中模高皇御容，龍形虬髯，左臉有十二黑子，其狀甚奇，與世俗所傳相同，似爲真矣。余直西省，始得内府所藏高、成二祖御容，高皇帝乃美丈夫也，鬚髯皆如銀絲可數，不甚修，無所謂龍形虬髯、十二黑子也；成祖則有豹額環眼之狀，若聳其肩，兩髭横分，鬚長裹臍，皆翼善冠、衣緑，不正立，頗與二后若相對意，至二后則以紙蒙之，不敢啟云。

許由

張茂先《博物志》稱司馬遷云無堯讓許由事，揚子雲亦云誇大者爲之。《高士傳》堯召許由爲九州長，則知莊周謂堯以天下讓者，乃文飾過當耳，而雄遂以爲全無許由，故楊誠齋有詩云：「子雲到老不曉事，不信人間有許由。」余謂雄非不信有許由也，許由當堯之時尚不屑爲九州長，而揚雄當王莽之時乃以莽大夫終，其不信有許由也，欲以自掩也。

五霸

霸之有五，《春秋傳》皆謂齊桓、晉文、秦穆、宋襄、楚莊，而孟子止言齊桓、晉文，不言其三。故有以宋襄何足言霸，秦穆、楚莊本皆夷狄，皆不足稱霸，而以夏之昆吾，商之大彭、豕韋與齊桓、晉文爲五者。何燕泉亦從其説。余謂不然，孟子曰五霸者，三王之罪人也。昆吾、大彭、豕韋亦皆三王之罪人乎？五霸之名，當以《春秋》爲正。

窈窕

「窈窕」二字，《説文》解「窈」，深也；「窕」，極深也。「窈窕」，幽閒之地也。《詩》稱「窈窕淑女」，鄭玄箋爲「幽閒深宫貞專之善女」。楊子《方言》以美心爲窈，美容爲窕，故朱子訓《詩》以窈窕爲德。楊用修深辨之，歷引漢魏詩賦所用「窈窕」字，皆屬居處，遂以朱氏之訓爲謬。余謂不然，「窈窕」原有二義，《詩》之「窈窕淑女」即以居處與容德並解，不兩妨也。

孟母姓仉

孟母三遷，其母之姓，世莫知者。母姓仉，音掌，齊後也。晉有瑯琊掌，同前凉掌椽。宋有掌禹錫，修《本草》者，即同孟母仉姓。「仉」、「掌」通用，字書反爪爲「掌」。

放　生

浮圖氏謂殺生者有罪，放生者獲福。夫佃漁罟網始自庖犧，若如浮圖之言，則聖人庖犧當爲地下罪人矣。此歐陽永叔之言，誠足以破世人之惑。第仁人君子存心，誠有聞其聲不忍食其肉者，孟軻氏所稱「君子遠庖厨」，此語得之，又安問罪與福哉？

韓縝不識女字

與俗人書劄不可用古字，多有不解者。宋韓莊敏縝，字玉汝，初求字於歐陽文忠公，公書「玉女」二字與之，莊敏不樂。及見，殊有愠容，文忠曰：「此『女』字古書，原無點水，君何怪耶？」乃取筆添女字傍三點水，始相與大笑。莊敏，韓忠獻公億之子，豈俗人者？亦不解古字如此。

漢祀以鶩易鳧

武帝祭宗廟，以鶩當鳧，董仲舒不可，謂名實不相應。鳧非難得之物，鶩與鳧大小相當，以鶩易鳧，想必有説，俟之博古者。

望帝化鵑

子規、子嶲、杜鵑、杜宇又名規，又曰周鸛，又曰催歸，又曰秭規，皆一鳥也。來敏《本蜀論》有云：「荆人鼈令死，其尸隨水上，荆人求之不得，至汶山下復生，起見望帝，立以爲相。」許慎註《説文》云：「蜀王望帝淫其相妻，以慙死，化爲子嶲鳥。」李義山詩曰「望帝春心託杜鵑」。余按：常璩《華陽國志》杜宇稱帝，會有水災，其相開明决玉壘山以除害，帝遂委以政事，升西山隱焉。時適二月，子鵑鳥鳴，故蜀人每聞子鵑輒悲而思之。是子鵑之鳥非望帝所化明甚。

癡　了

晉楊濟嘗與傅咸書，有云「生子癡，了官事，官事未易了也，了事正作癡。」夫癡之一字，豈但了官事而已，人能解得此癡字，則人間世無一不了了矣。

顔子安貧

古之安貧者，如黔婁、原思、榮公、東郭皆其難者，然惟顔回最著。而古傳記所稱回有田二頃，此亦足以具饘粥矣，何至簞瓢陋巷而屢空耶？無亦回之好學，不求安飽，故孔子亟稱之，遂以安貧之名獨著於後世耳。韓昌黎謂簞瓢陋巷乃哲人之細事，又何怪其羨二鳥之光榮，歎一飽之無時也。

古人辭大

晉周處嘗爲廣漢太守，以母老罷歸，尋除楚内史，未之官，徵拜散騎常侍。處曰：「古人辭大不辭小。」乃先之楚而後就徵，今之仕宦，每有左遷或降調者輒先辭其小，必得其大而後之官，與古人異矣。

伯仲塤篪

八音皆克諧，無有乖戾而不和者。《巧言》喻兄弟之和，止以塤篪。注疏及朱考亭注、嚴氏緝皆未能發其旨。余因閲古今樂律諸書，乃知七音各自爲五聲，如宮磬鳴而徵磬和，獨塤篪則二器共爲一音。塤爲宮而篪之徵和，塤爲宮而篪之羽和，故曰「伯氏吹塤，仲氏吹篪」。伯，宮也，仲，徵也，此古人所以喻同氣也，其旨微矣！嗚呼！余有四弟而同母者三，中道見損，門祚衰薄，孤塤之奏，何以成音，一歎。

蘇武娶胡婦

蘇子卿娶胡婦，卒蒙後世訾議。余竊疑之，《新安文獻志》載宋建炎中，有朱勔者，以校尉隨奉使行人在尼堪所，數日便求妻室，尼堪喜，令於所擄内人中自擇。勔擇一最陋者，人皆莫曉。不半月，勔遂逃去，人始悟，曰求妻，所以固尼堪之心，使不疑，受其陋者，無顧戀也。子卿之妻於胡，得無朱勔之見耶？第未知此胡婦美陋何如耳。或曰胡婦之美無疑，不然子卿何丁年奉使，皓首始歸耶？余爲掩口。

徐庶歸曹

晉周虓爲西戎校尉，守涪城，母妻爲苻堅將楊安所獲，遂降于安，此與徐元直舍劉歸曹同情，但虓既歸秦，屢折辱堅，又嘗潛至漢中，爲堅追獲。後遂與堅兄子萇謀襲堅，事泄被撻，徙太原而卒，亦足以明其不事秦矣。元直一歸曹，遂安于曹，無他自明處，以此恨恨。

北音無入聲

周德清在元時自謂知音者，故嘗著《中原音韻》，今所行《洪武正韻》多宗之。余故有侍兒工琵琶，嘗譜《太和正音》，止有平上去三聲，而無入聲。余竊疑之，不知其與周德清之《音韻》實暗合也。德清，北人，其所著

《音韻》皆北聲，故以「六」爲「溜」，以「國」爲「鬼」，謂之中原之音，可乎？ 至四聲而闕入聲，尤爲謬妄。聲之有平上去入，猶天之有元亨利貞，地之有東南西北也，闕一其可乎？ 故余所梓《太和正音譜》曰「北雅」，以此。

經濟

學者有志用世，固當講究經濟，然不可以經濟一念先入其心。董子明道不計功，正誼不謀利，所以爲萬世醇儒也。宋仁宗朝，胡安定教授湖州，至以「治事」名齋，王介甫作詩以美安定，三以先生尊稱之，非安定經濟之教深入其心乎？ 迨熙寧柄國，安定歿矣，遂行免役、青苗、市易、首實、保馬、保甲、農田水利，則皆其平日聞安定之教，以講求者故。介甫少嘗見濂溪，耻於下問，及其爲相時，濂溪年五十有四，張橫渠年五十有一，二程年三十有八九，介甫皆以爲不足與有言。其所用之人，吕惠卿、曾布、蔡京、蔡卞之徒，皆急於經濟者也。陸氏之學高於事功，陳同父之學專於事功，皆爲朱考亭所不取，其意念深矣。

漢唐二高識度

漢高帝初爲亭長，告歸之田，有老人過，請飲，因相吕后及孝惠帝、魯元公主皆大貴，及見高帝，乃曰：「鄉者夫人、兒女皆以君，君相貴不可言。」高帝謝曰：「誠如父言，不敢忘德。」唐太宗方四歲，有書生謁高祖曰：「公在相法，貴人也，然必有貴子。」及見太宗，曰：「龍鳳之姿，天日之表，其年弱冠必能濟世安民。」書生辭去，高祖使人追而殺之。殺之是也。先儒謂其德色如漢高祖者，非也！ 何者？ 古今欲爲不義，求福於非望者，多起於佞人之諛詞，有以激發而成之。當秦、隋將亡之時，欲爲漢祖、唐宗之所爲者，不知其幾。爲父老、書生之談者，亦不知其幾。彼父老、書生偶驗於二帝耳，安知其不以告他人哉？以是告他人，而不驗者多，是激發他人，求福非望，以陷于禍敗者亦多。嗟夫！匹夫狂言，天下受禍，其罪可勝誅哉！追而殺之，唐高之遠識過漢高萬萬矣。史乃謂唐高之追殺書生，懼其語泄，理亦有之，第其意雖私，其事則是，如以爲德色不過女子小人歆慕富貴之心，英雄如季而肯遽德色於偶然之虛譽乎？

巫覡惑人

南人信鬼，里中有以婦人代神語曰聖，即古之巫也。亦有男人爲之者，即古之覡也。嘗有婦人喪子，往聖男所請問其子，聖云「子來矣」，聖乃代其子語，云：「我饑，當得母乳。」此婦人遂開襟出其乳哺之，於是聖男就抱此婦人頸哺乳，此婦人不覺痛哭，而歸語其夫，以聖爲亡子狀，相與神之。其夫大怒，撻之，曰：「汝子死而問聖，聖妄爲汝子而欲乳，汝輒開襟出乳乳之。設他日汝夫死，汝或問聖，而聖妄爲汝夫，欲求汝合，汝得無從之乎？」余聞之不勝抵掌。後讀元魏《高允傳》諫高宗書有言，敝俗未改者謂祭必立尸，使亡者有憑，今魏俗已葬魂，人直求貌類者事之如父母，燕好如夫妻，損敗風俗，瀆亂情禮。與開襟乳聖爲子正同。

生烟

劉禹錫《竹枝詞》「瀼西春水縠文生」，宋人小說以此「生」字爲生熟之「生」，殊足一笑。楊用修亦以爲然，至引謝朓詩「遠樹曖芊芊，生烟紛漠漠」，又引謝靈運賦云「披宿莽以迷徑，覩生烟而知墟」，此爲生烟，何者爲熟烟耶？ 此三處「生」字皆當作生發之「生」，方有意味。

蔞字

今南人多用梹榔及蔞，然皆不解蔞字。 劉淵林《蜀都賦注》：緣木而生，其子如桑椹，味辛香，生巴蜀、嶺南，即鄭樵所辯《西南夷傳》蒟醬曰浮留是也。 又名扶留，徐廣曰：木似穀樹，其葉如桑，用葉作醬，以酢羹。 蒟亦作枸，音矩。 徐廣注音窶俗呼作蔞，蓋本於此，第今乃藤生，非樹生也。 故蒟醬者以蒟爲醬，今其制已不可知，然亦醬成乃可稱蒟醬，若稱蒟即爲蒟醬，是秫可製酒，而未製酒之秫亦可稱秫酒乎？ 又云司馬相如使蜀時求而得之者，第今巴蜀絶無此物，惟滇中有之。 其子作穗，土人乾之以代其葉，殊不類桑椹。 若産嶺南者，又絶不作穗。 劉淵林云實長二三寸，辛似薑，不酢，小顔云緣木而生，二説得之。

鬱林葛

粤中多産葛，惟鬱林州所産者知名最久。 齊武帝作《估客》樂曲，被管絃，乘龍舟遊江中，令榜人皆着鬱林布作淡黄袴以舞此曲，即今之鬱林葛也。

泰山神祠

海内神祠惟泰山碧霞元君最盛，然世莫詳神所自出。余閲馬端臨《通考》：泰山絶頂故有玉女池，池側有玉女石像，泉源壅濁。宋真宗登封，先營頓置，泉忽湧出，清泚可鑑，味甚甘美。王欽若請浚治之，像頗摧折，詔易以玉石。既成，上與近臣臨觀，復礱石爲龕，祭焉。及考李謂《瑶池記》謂黄帝建岱岳觀，嘗遣女子七人，雲冠羽衣，奉香火以迎西崑真人。則元君或亦七女中之得道而仙者。織女名天孫，而岱岳亦名天孫，豈以此邪？李白《遊泰山詩》「玉女四五人，飄颻下九垓」，似亦有據。是元君在唐已有之，至宋而香火始盛耳。

星　命

禄命家言其星辰名字，皆後人杜譔，不足信者。熊退叟嘗作《命説》送術者雲岫有云：「三代盛時，家有受田，阡陌未裂，蔭秏之星夫何居？里有公選，科目未興，科名科甲之星夫何麗？」此言真足以祛千古之惑。

韓昌黎未見道

昔人謂韓昌黎因文見道，余謂昌黎文固自佳，而道或未之見。無論三《上書》、三《及門》爲有識者所嗤，即《潮州到任謝表》更露破綻，通篇千餘言，無非帖首摇尾乞憐之態。夫東西南北唯君所命，何遠何近，何美何劣，昌黎則首言潮地遠惡，人所不堪，毛遂自薦，雖五尺之童羞之。昌黎則繼言其學問文章爲時輩推許，至論述朝廷功德則古人不讓，此時朝廷有何功德足以稱述，而昌黎至欲以封禪泰山歆動人主。夫司馬相如何足效也？始以諫佛骨而見斥，既欲以請封禪而媒進，非兩截人乎？謂之見道，誰則信之。宋石介獨尊信昌黎，嘗著《尊韓論》，其《徂徠集》中不一而足，且曰吏部不敢名也，豈好而知其惡者耶？

洞庭湘妃墓辯

按《永州志》，帝舜陵在九疑山，一名永陵。《禮記·檀弓》「舜葬蒼梧之野」，司馬《史記》「舜南巡，崩於蒼梧之野，歸葬零陵之九疑」，又載於《家語》、《皇覽》、《竹書》、《世紀》。岳之洞庭有君山，其上爲湘妃墓，古今相傳爲堯之二女以妻舜者。舜南巡溺於湘江，二妃從征，偕溺而死，神遊洞庭之湖，故湖有黄陵廟以祀二妃，詳具秦博士之對始皇也。王逸《楚詞》亦遂以二妃爲湘君與湘夫人，而劉向、張華、酈道元、羅含諸人相承，爲萬世不解之惑。及樂正子《寰宇記》、張叔範《零陵志》、楊廷秀《揮麈録》、吴格甫《九疑考古》並述之。楚靈王作章華之臺，壅漢水旋其下，以象舜陵，而秦皇、漢武皆嘗望祀。宋置守陵五户，而国朝布在祀典，仍建廟簫韶峰下。二妃墓在黄陵廟西，云乃漢荆州牧劉表所建，國朝命有司以六月六日致祭焉。余按：《尚書》舜五月南巡狩，至南岳，即衡山也。是歲八月復西巡狩矣，溺死之説謬妄不足辨。獨怪孔氏傳《舜典》陟方註亦曰「舜南巡狩，死於蒼梧之野而葬焉」，尤足掩口。夫《尚書》所稱舜陟方乃死，是在受終文祖之後，而南巡狩則堯未殂落而舜攝政之時，安得云舜以南巡狩而死於蒼梧耶？但舜葬蒼梧又見《禮經》，與秦博士合。夫《尚書》，聖經也，《禮經》則出漢儒之手，秦始皇時《尚書》猶在孔壁中，秦博士未之見也，豈其時始皇巡狩遍天下，百姓疲勞，而博士輩託言舜以巡遊溺死，警悟君心耶？抑《尚書》未出，而讖緯百家熒惑耳目，博士亦妄言傅會，故傳禮者又傅會博士耶？或爲之説，曰古者天子五載一巡狩，《尚書》所載舜巡狩在攝政時，安知受終文祖之後不復巡狩，故或復巡狩而溺死，亦未可知耳。余曰否否，巡狩，大典也，天子而溺死，大變也，受終復巡狩而溺死，《尚書》豈有不明言以紀之者。且舜年二十以孝聞，三十堯妻以二女，五十攝行天子事，五十八堯崩，六十一踐位，故董鼎曰：舜巡四岳，朝諸侯，封山濬川，考禮正刑，汲汲不少暇，乃攝政時事，至踐位後則惟責成於岳牧九官，垂裳恭己而已。孔子曰有天下而不與，此自舜踐位後言也，豈復出而巡狩耶？況《尚書》已明言三十徵庸，三十在位，五十載陟方乃死，是舜之死蓋百一十歲也，復巡狩而溺死耶？說者又以陟方爲巡狩，韓退之乃云地傾東南，南巡非陟也。陟者，升也，方乃死者，釋陟爲死也。蘇子瞻云陟方猶升遐，乃死爲章句闕，故《汲書紀年》帝王之死皆曰陟，《書》云在位五十載。陟者，紀舜之崩也，何謂南巡哉？他傳又云：舜伐苗民，崩於蒼梧。夫伐苗者禹也，已竄三危矣，何得勞無爲之舜於耄期之時耶？都玄敬《聽雨紀談》乃疑舜冢在零陵之九疑，而九疑在南岳千有餘里，蒼梧在廣西域内，去九疑又數百里，《書》云舜南巡狩至於南岳，豈又幸九疑，遂崩而葬其地乎？孟子言舜卒於鳴條，鳴條在東方夷服，今又不聞有舜陵，是玄敬亦有疑而不能祛者也。羅長源曰：象封有鼻，墓在始興。有鼻者，有庳也，即今道州九疑之墓，或象塚耳，不然商均窆也。《大荒南經》：「赤水之東，蒼梧之野，舜子商均所葬。」元次山《九疑山圖記》亦謂商均窆其陰，豈商均徙此，因葬之，後世遂以爲舜陵耶？漢章帝時，零陵文學奚景於泠道舜祠下，得笙白玉之琯十二枚，《吕氏春秋》、戴延君《大戴禮》、伏子賤《尚書大傳》、許叔重《説文》、應仲遠《風俗通》、陳晉之《樂書》、范蔚宗《後漢書》皆言昔西王母獻舜玉琯，注云：西王母，神也。曾伯端《集仙録》亦云舜在位，西王母使獻白玉琯以和八風，則白玉之琯爲舜之竇器明矣，胡爲乎藏於零陵哉？無乃帝舜諸子分封巴陵、上虞、衡山、江華等國，各錫竇器，如成周錫封之制，而商均則得白玉之琯，遂傳流零陵耶？又按：舜陵載在《山海經》者非一説，《海内南經》「蒼梧山，帝舜葬其陽」；又《大荒南經》「帝舜葬于岳山」；又《海北經》有「舜臺」，臺即陵也；又《海内》「朝鮮記」「南方蒼梧之泉，❶其中有九疑山，舜之所葬，在長沙零陵界中」。夫《山海經》，世稱伯益作，而長沙零陵乃秦漢郡名，則知此書多後人附益，而九疑舜陵渺不可信矣。又《竇櫝記》云：「舜葬于蒼梧，有鳥自丹州而來，吐氣，名曰馮霄，能銜土成丘墳，舜墓，鳥所營也。」《集仙録》又云：「舜暝目端坐，乘空而至南方之國，其中有九疑山焉，歷數既往，歸理兹山。」《真源賦》云：「舜因南巡，走馬逐鹿，同飛蒼梧，莫知所去。」王仲任《論衡·書虛篇》云：「舜葬蒼梧，象爲之耕。」四説尤妄誕，不足辯，故朱晦菴《粤西舜祠記》業已疑之，曰：「舜死蒼梧，無明文可據，獨未爲之辯耳。」司馬光有詩：「虞舜在倦勤，薦禹爲天子。豈有復巡狩，迢迢渡湘水。」似爲得之。是舜之不死于南巡狩與不葬蒼梧，明甚。彼洞庭又安得有二妃墓哉？嗟嗟！禮有三不吊，水其一也。以大聖人而誣以不吊之災，萬世下卒未有辯白之者，不亦悲乎？若《山海經》云洞庭之山，帝之二女居之，然亦曰帝之二女而已，未嘗明言誰之女也，豈以《堯典》有二女之文，遂以洞庭二女即《堯典》之二女耶？郭璞稍晰其妄，曰：湘君、湘夫人自是二神，且既謂之堯女，安得復稱湘君？因引《禮記》舜葬蒼梧，二妃不從，此亦足爲考古一快，獨惜舜不葬於蒼梧，璞亦未之辯也。羅長源復曰：虞舜晚年已禪禹矣，南狩之舉總之伯禹，則二妃必不從舜于蒼梧。沈存中繼其説，亦云舜陟方之時，二妃皆百餘歲，豈宜復稱女？信若二説，是舜且未嘗南巡狩，則《尚書》亦不足據矣。

❶「南方蒼梧之泉」，《山海經·海内經》作「南方蒼梧之丘，蒼梧之淵」。

景純又云：即令二女從舜，其靈達鑒通無方，尚能鳥工龍裳救井、廩之難，豈不能自免風波？況二女乃帝舜之配，不應降附小水爲夫人，故當以此二女爲天地之女。夫鳥工龍裳乃迂怪之談，既不足據，而帝妃不可降於洞庭小水爲夫人，天地之女又可降于小水爲夫人乎？此王逸、韓愈所以力辯之，似得其情也。羅長源又爲之説，此二女者當爲舜之第三妃癸比氏所生者，是舜之二女也，一曰宵明，一曰燭光，其説亦有所做。《山海經》有言，舜妻癸比氏，所生二女處河大澤，其靈能照百里，然亦未明言處于洞庭也。長源又豈以河大澤可爲洞庭也耶？陳士元心叔亦該博者，其《江漢叢談》乃謂湘祠爲舜之二女，黄陵墓爲癸比氏所葬，而以《山海經》之言爲實，至引陸士規《黄陵廟詩》「帝子不知春可去，亂山無主鷓鴣啼」，帝子者謂舜女也，此又信《山海經》之過也。余按：《竹書紀年》舜即位三十年而后育卒，后育者，娥皇也，葬于渭。《帝王世紀》又云：舜三妃，娥皇無子，女英生均，舜崩之後，曾隨其子徙封于商，故曰商均。商州有女英塚，至唐時盗乃發之。今平陽府蒲州南十五里曰蒼陵谷者，亦有娥皇、女英塚。絳州鼓堆祠神爲婦人像，祠中石刻亦云舜之二妃。夫渭與商與蒲與絳三者，必有一實，然皆非楚地，則岳之湘妃墓非女英之窆明甚。獨盗所發女英塚，乃多得大珠璆金玉盌，又似與茅茨土階之風不協，則不能無疑者。《竹書》云：「鳴條有蒼梧山，舜崩遂葬焉。」按：今山西平陽府即古河中地，解州安邑縣西北二十里有鳴條崗，一名鳴條陌，而舜墓具在。孟子曰「舜卒于鳴條」，此萬世不易之定論也。鄭康成以鳴條爲南夷地，謬之謬矣。但古今地理諸志，鳴條之地並無蒼梧之山，豈古之河中地或有蒼梧，而世代綿邈，圖牒失真，寖不可考？記禮者或傅會《竹書》，與《竹書》之或傅會禮文，皆不可知也。余謂考古者當以聖經爲正，信漢儒不如信吾孟軻氏，故舜既葬鳴條，則雖南巡矣，斷非崩于蒼梧，二妃一葬于渭，一葬于商，或葬于蒲，洞庭湘妃豈得云舜之二妃？《楚辭》所稱湘君、湘夫人，信如景純所核，斷非舜妃，亦非舜女。近代撰楚通志者，皆博古君子也，亦未及詳考而是正之，故不得不爲之辯。

附徐司馬鑾書

讀《洞庭湘妃辯》援引博而彈駁精，大快人意。今鳴條崗即在安邑，舜陵亦在安邑，以《孟子》「卒於鳴條」一言斷之，確乎無疑。再考《竹書紀年》：舜三十二年命夏后總師陟方岳，三十三年夏后受命神宗，三十五年命夏后征有苗，四十九年帝居鳴條，五十年陟，此本文也。註云：鳴條有蒼梧山，今海州。註係沈約所述，隱侯博而傍涉，不盡據經，當由《檀弓》一語誤之。《史記》及孔氏《尚書傳疏》皆本《檀弓》，宋孫奭《孟子疏》又本《史記》，孫又引《書傳》云「鳴條在安邑之西」，而不能深辯。今天下稱蒼梧者三：粵西蒼梧，今梧州；洞庭蒼梧，今岳州，鮑照賦所謂「南馳蒼梧」也；《九域志》東海縣有蒼梧山，今海州贛榆縣。粵西舜祠無謂，已不待辯。洞庭蒼梧之説，至今牢不可破，然宋陸均作《翼孟》已曾疑之。《困學紀聞》引《吕氏春秋》舜葬於紀，以蒼梧山在海州界近莒之紀城，以附會於《吕览》及《竹書》注海州之説。愚以爲此亦穿鑿好異之見耳。《竹書》文最古，縱有傳譌，亦不出于漢儒之手。據《尚書》「五十載陟方乃死」，似總言舜受禪後，遍陟方岳乃崩，如《竹書》三十二年所云，紀其大政，非必以陟方爲舜崩之年也。九疑舜墓，千古以來孰知其處，特衡岳舜所南巡，今有舜祠，理爲近之。海州蒼梧山，記載幾湮，絶無舜墓舜祠遺址，豈有帝都冀方，而身没乃葬於海僻一隅？莒、紀小國，春秋時且爲附庸，唐虞時當甚荒落，帝陟方岳，朝羣后，當之名嶽通都，乃之窮海之濱，野死不還而葬此乎？唯《孟子》「卒於鳴條」，與《竹書》「四十九年帝居鳴條」語合，故當以《孟子》爲信矣。又有《帝王世紀》一説，有苗氏叛，舜南征，崩於鳴條，殯以瓦棺，葬于蒼梧九疑山之陽，是爲零陵，謂之紀市。此其無端牽合，尤爲可笑。《虞書》有苗弗率，命禹徂征，即在三十四年禹受命神宗之後，與《紀年》所載無異，越十五年而帝始陟，親征而死，敢於誕妄！瓦棺殯葬，乃周人以葬下殤者，而以証帝制，抑又誕矣！《禮經》蒼梧一語，或出漢儒。且蒼梧既無定名，安知古鳴條之野不有以蒼梧號者？《山海經》云：「蒼梧山，帝舜葬其陽，丹朱葬其陰。」舜以唐封丹朱，即今平陽，則古蒼梧即鳴條地，可爲一證。如云楚之蒼梧，則丹朱亦從舜南巡而葬此耶？足下所述已詳已悉，因尚有數種，姑述所聞，以共折時人三尺之喙。若舜墓之説明，則湘君、湘夫人、堯女舜妻之謬，不攻自破矣。

石經

自有九經以來，鐫于石者有十四種，而始之者東漢也，世鮮有能詳者，故論列焉。〇漢建寧間，蔡邕以八分書書石經，而其文則諫議大夫馬日磾，五官中郎將堂谿典，光禄大夫楊賜，議郎張馴、韓説，太史令單颺等奏求校定者也。《洛陽記》曰：石經五部，碑凡四十六板，三行，分樹於太學之前。西行《周易》、《尚書》、《公羊傳》，共碑二十八板，時十六板存，十二板毁。南行《禮記》，碑共十五板，悉毁，然尚有可讀者。東行《論語》三碑，而二碑毁矣。是蔡邕所書四十六碑，此時毁者已十八板，而存者尚有二十八板也。然亦止《周易》、《尚書》、《論語》、《禮記》、《公羊傳》五經而已。《隋志》乃云鐫刻七經皆邕筆，豈建寧石經至隋時尚有七，而記洛陽者未及見耶？七經之外皆不書，豈其力有未及耶？方仁聲《泊宅編·石經跋》云：「石經殘碑在洛陽張景元家，世傳蔡中郎書，未知何所據。」而邕所書石經乃八分，仁聲誤以爲三體，不知三體者乃謝承書也。《東漢書·儒林傳》註：熹平四年，又詔謝承書五經鐫碑，乃古文篆隸三體，其碑高一丈許，廣四尺，駢羅相列，與邕碑不同。《水經注》又云：「漢光和六年刻石鏤碑載五經，立於講堂前。」余按：建寧、熹平、光和皆獻帝年號，建寧四年、熹平六年、光和六年，是十六年之中三書石經矣。然熹平石經雖知爲謝承之筆，而不知所書爲何經，光和石經非惟不知經爲何經，書爲何體，即書者亦不知其何人矣，豈邕既書七經之外，未書者熹平續書之，熹平未書者光和續書之耶？若然，則東漢石經蓋十有七矣。夫邕之石經八分也，承之石經三體也，光和之石經不知其書爲何體，然三石經想亦不出五與七之外，其間必有重書而其文亦必有互異者。今三石經皆亡，無從考據。《唐經籍志》又有蔡邕《金字論語》二卷❶，而《隋經籍志》則《一字論語》二卷，即金字本，不言作者姓名，後人遂以唐史爲誤，然其書久亡，亦窮經博古者之一憾也。○魏陳留邯鄲淳嘗書三字石經於漢碑之西，亦即漢之三體也，然亦未詳其爲何經。正始中，又有一字石經。江式曰「魏嘗立二字石經」，其蹟已亡，亦皆未詳經爲何經，筆爲何人，一字二字之爲何體也。○晉裴頠嘗奏修國學，刻石寫經。○唐開成元年，鄭覃奏言宜準漢舊事，鏤石太學，示萬世法，乃表周墀、崔球、張次宗、孔温業等是正之，凡九經共一百六十卷，亦不知爲何人書。大曆中，司業張參又承詔校定五經，鑱石。太和七年，又勑唐玄度覆定石經，并《孝經》、《論語》、《爾雅》爲九經，凡一百五十九卷，《字樣》四十卷，則開成九經未收《孝經》、《論語》、《爾雅》。而九經者不知何經，即太和九經，自《孝經》、《論語》、《爾雅》外，其六經者亦不知爲何經也。但太和字體大乖師法，名儒宿學多不窺焉。是唐有兩石經也。李陽冰又願刻石作篆，備書六經，後不果。其所稱六經，豈即《周易》、《尚書》、《毛詩》、《春秋傳》、《禮記》及《周禮》耶？今秘閣所藏有《孝經》二册，乃唐玄宗八分書，天寶四年國子祭酒李齊古摹勒上石者，完好如故，蓋宋搨也。○僞蜀相毋昭裔嘗取唐太和本琢石於成都，而文與唐本小異，《孝經》、《論語》、《爾雅》則廣政甲辰張德釗書，《周易》辛亥楊

❶ 《舊唐書・經籍志》：「今字石經論語二卷，蔡邕注。」

鈞、孫逢吉書，《尚書》周德政書，《周禮》孫朋吉書，《毛詩》、《禮記》、《儀禮》張紹文書，《公羊》、《穀梁》二傳則宋皇祐間田元均補刻，《孟子》宋宣和間席叔獻補刻，皆未著書者名氏。閱《統志》，宋紹興間席益嘗刻《禮殿聖賢圖》於成都石經堂，豈益即叔獻耶？《春秋傳》亦未知爲何人書，而於祥字皆闕其畫，此必孟蜀時筆也。余幸承乏西省，校閱秘閣藏書，及見蜀本石經《周易》三册、《尚書》三册、《毛詩》八册、《左氏春秋》三十册、《公羊》七册、《穀梁》七册、《禮記》十四册、《周禮》八册、《儀禮》十册、《孝經》十册、《論語》三册、《孟子》三册、《爾雅》三册，完好如故。獨《左氏春秋》未知爲何人書，其紙墨之精，拓法之妙，當是宋物，真希世寳也。撫玩一月，不忍釋手。〇宋至和元年，命皇姪右屯衛大將軍克繼書石經，又以上所書《論語》刻石國子。仁宗又命以《易》、《詩》、《書》、《周禮》、《禮記》、《春秋》、《孝經》作篆隸二體，刻石於太學兩楹。楊南仲書《周易》十、《書》十三、《詩》二十、《春秋》十二、《禮記》二十，時與南仲同書者草澤章友直、殿中丞張次立也。國子王洙乃言刻石經已十五年矣，止完一《孝經》耳。《尚書》、《論語》見書鐫未就，乞促限畢工，餘經權罷，從之。紹興十三年，内出御書《左氏傳》及《史記列傳》、《周易》，令臨安知府張澄刊石。十四年，又出御書《尚書》、《毛詩》。十六年，又出御書《論語》、《孟子》，皆刻石立於太學。然御書間有困倦，輒令憲聖吴后代書，與御書毫不可辯，是紹興石經未必皆高宗筆也。然趙宋御筆高宗最勝，而憲聖能亂其真，亦彤史中之希有乎！第自古鐫石者惟經，而紹興獨鐫《史記列傳》，此亦腐史千載特達之知也。

賀季真乞休

賀季真乞鑑湖歸老，古今以爲美談。余攷其時年已八十餘矣，故其回鄉詩「幼小離鄉老大回。聲音難改鬢毛衰。家童相見不相識。却問客從何處來」。夫仕宦而至八十餘不歸，復何爲耶？季真嘗謁一賣藥王老，問黄白之術，持一珠貽之，老即以珠易餅共食，季真心念寶珠何以易餅，口不敢言。老曰慳吝未除，術何由得。是季真者，乃貪戀富貴一老悖耳。張旭謂賀八真清鑑風流千載人，豈别有所據耶？若以乞鑑湖歸老時爲風流，則鑑湖有靈，必爲吐穢矣。因考漢二疏乞身，亦皆居閒曹耳。若居津要，未知能勇退否？白居易有詩「散員疏去未爲貴，小邑歸休何足云」，此足以評二疏矣。

卷 二

柳子厚非國語

樓迂齋謂柳子厚文章皆學《國語》，却著《非國語》，是私其所自得，而諱其所從來也，其天資刻薄如此。今世有一士人，止能讀一部《文選》，其所撰述皆竊《文選》中糟粕以自衒，但對人輒排斥《文選》，是亦一子厚也。余謂即能作文，《選》便足佳，何以諱爲？ 第恐其不能爲《文選》耳，子厚之非《國語》，其文即可爲《國語》否耶？ 而奈何諱之。

施 全

施全於岳武穆死後欲刺秦賊而不得者，但全先嘗爲秦客，最狎，名在十客之列。今岳死而讎秦，豈忠義在人心，即恩私不能奪耶？

賈誼蘇洵薄德

漢賈誼之知名於文帝朝者，以守吴公薦之也。史逸其名，即誼終身亦未有一言及吴公者。余嘗疑之。蘇老泉爲布衣時未知名，有雅安守劉大簡字簡夫者，深器之，以書上韓魏公、歐陽文忠公、張忠定公薦之，語甚切。至東坡、潁濱文章滿天下，獨無一語及簡夫，老泉集中亦止有《與簡夫辭辟試》一書耳。而《與簡夫請納拜書》及老泉所作《簡夫墓銘》今皆不載，豈編集時有意去之耶？古人謂感恩易，知己難，賈誼之於吴公，老泉之於簡夫，可謂知己矣，豈有所諱而然耶？請納拜者，請行門生禮也，生前即願出門下，身後即諱而去之，亦薄德矣。余見有一顯貴人，在故相趙文懿公門下二十年，恩遇甚厚，而文懿公捐館，輒肆詆毁，真犬彘之不若也。

嚏　噎

廣陵嘗有一名醫，以醫致富，其門如市，即貴顯之家不輕造也。偶廣陵守署中有病者，亟召之，醫不得已詣堂下。守適有公事不及呼前，而此醫適作嚏兩三聲，守問曰：「何爲而嚏？」醫曰：「外人有念醫士者。」守笑曰：「嚏乃肺家中風耳！而云外人相念則嚏，爲肺病且不曉，何名曰醫？」遂叱之去。此醫退，術遂不行。余謂守雖知嚏爲肺病，而不知人相念則嚏乃古語也。《毛詩·終風》章「願言則嚏」，鄭氏箋曰：「女思我心如是，我則嚏也。」宋王易《燕北録》：「契丹俗，戎主及太后噴嚏，近位番漢臣僚齊道『治兜離』，華言『萬歲』也。」今嶺外人噴嚏，亦或呼曰「大吉利市」者，即此意。故《漢藝文志》有《噴嚏耳鳴》十六卷。則嚏者，古人亦以吉凶有相關者，若《月令》曰「季秋行夏令，則人多鼽嚏」，是嚏未必皆肺病也。今《噴嚏耳鳴》書已亡，想有可觀者。

生乞壙志

宋時有諛王安石者，嘗守番禺，以書求安石曰：「某所恨微軀安健，惟願早就木，冀得丞相一薶銘，庶幾名附雄文不磨滅乎後世？」近有乞生壙志於名公貴人者，想同之也。

荔枝

《西京襍記》：南越尉佗獻漢高帝龍眼樹，《負暄襍録》謂即今之荔枝也，豈宋時龍眼尚未到於上國耶？顧文薦亦博物者，何言之誤也！

石炭

今西北所燒之煤，即石炭也。蘇東坡集中有「石炭行然」，亦未著其所自始。《前漢地理志》：「豫章郡出石，可燃爲薪。」隋王邵論火事，其中亦有「石炭」二字。則知石炭即爲煤，而用於世已久矣。

介之推燭之武

介之推，燭之武。介與燭皆地名，非姓也。二人賢者，爲國人所取信，故特標其地以異於衆耳。如漢四皓皆以所居爲氏，而其本姓竟莫可攷。

開脇而産

陸終氏娶鬼方之女，孕而不育十一年，開其左脇而出三人焉，又開其右脇而出三人焉，長曰昆吾，次參胡，次彭祖，次會人，次安，次季連，皆有名德於世，而受姓爲侯伯。譙周作《古史考》，乃以爲妄，廢而弗論，見亦隘矣。彼修己背坼而生禹，簡狄胸坼而生契，皆爲帝王，是天將興之，必有異於人者，非常理所可測也。魏黄初五年，汝南屈雍妻王氏生男，從右脇下、水腹上出，而平和自若，數月創合，母子無恙。宋時莆田有市人妻生男，從股髀間出，亦無恙，此亦足以明陸終氏之非妄矣。

詩叶管絃

《詩》自三百篇而後，至於我明，卒未有一語可被管絃者，蓋文采有餘，性情不足也。音調出於性情，性情和而後音調諧，此天地自然之妙，不假安排者。近世有取陶淵明《歸去來辭》、李太白《把酒問月》、李長吉《將進酒》、蘇長公前後《赤壁賦》協入聲律，宋玉灼《碧雞漫志》謂之暗合孫吴。余按：今人之以諸公詩賦譜諸管絃者，皆更换其句，錯綜其章，添減其字，方於聲律可協，皆非諸公原文也，於孫吴終非暗合矣。

妒婦不可少

諸葛武侯以醜婦爲養心之資，余謂妒婦亦然。南唐樞密杜業妻張氏甚妒，❶烈祖命元皇后召張誡之曰：「業位望通顯，得置妾媵，何拘忌如此，非婦道所宜。」張雪涕而言曰：「業本狂生，遭逢始運，多壘之初，陛下所藉者駑馬未竭耳。而又早衰多病，若縱之，反貽其禍，將誤於任使矣。」烈祖聞之，大加奬歎，以銀盤綵段賞之。余謂胤嗣既得，血氣將衰，若張氏者誠不可少也。

莊周鼓盆

莊周妻亡，鼓盆而歌，世以爲達，余謂不然。未能忘情，故歌以遣之耳。情若能忘，又何必歌？

❶「諸葛……唐樞」原缺，據《嶺南遺書》本補。

四凶

四凶者，昆屯、窮奇、檮杌、饕餮也。堯投之四裔，以禦魑魅也。四裔者，四夷也。余謂四凶在朝雖爲凶族，然有今之君子所不能及者，是以彼之下駟亦足走我之上駟也。不然，豈能以變四夷禦魑魅哉！今之君子，且有居中國而身爲魑魅者，不知堯何以處之？

司馬文正海忠介

司馬温公元豐末來京都，人奔競觀之，即以相公目之，左右擁塞，馬至不能行。及謁時相於私第，市人登樹騎屋窺瞰之，隸卒或止之，曰：「吾非望而君，願識司馬公耳。」至於呵叱不退，而屋瓦爲之碎，樹枝爲之折。及薨，京師之民罷市而往吊，粥衣以致奠，巷哭以過車者蓋以千萬數，上命户部侍郎趙瞻、内侍省押班馮宗道護其喪歸葬。瞻等還言民哭公哀甚，如哭其私親，四方來會葬者數萬人。而嶺南封州父老相率致祭，且作佛事以薦公者，其詞尤哀，炷香於手頂以送公葬者九百餘人。京師民畫其象，刻印粥之，家至一本，飲食必祝焉。四方皆遣人購之京師，時畫工有致富者。張淏《雲谷襍識》謂千古一人而已。余謂温公之後，又有一人焉，余鄉海忠介是也。忠介久居田里，歲癸未，起南京都察院，入京之日，黄童白叟填溢街巷以觀公，凡鄉民過其第者必求一見，踵相接也。公每歸私第，輒危坐聽事，不退居，亦不閉門，以便鄉民之求見者。公問：「見我何爲？欲言事乎？」鄉民叩首：「無事，止願一見海爺顔貌耳。」自朝至暮不少休。及卒於官，人争畫其像，畫士亦多致厚資。還櫬之日，老幼提攜，頂鑪香，夾道呼「海爺爺」，號泣如喪考妣，傾城皆至，舟次罷市數日。今江南郡邑相傳公已爲神，皆尸祝於家，每於公死日，相率追薦，至有費千金設一醮者，此與温公何異？夫温公在宋嘗爲執政，君子謂其有旋乾轉坤之功，故人皆歸之。忠介未嘗一日得行其志，而人之歸之，亦與田夫野老皆號爲司馬相公，婦人孺子亦知其爲君實者，同一悦服，此豈可以聲音笑貌爲哉！第忠介得於人者與温公同，得於天者則不及温公遠甚。温公有子康，官至侍讀，忠介則黑衣之綴蔑如，天之報施善人，又何異耶！温公身後又有不幸者，紹聖初，章惇、蔡卞請發塚斵棺，帝不許，乃奪贈謚，仆所立碑，復貶崖州司户參軍。蔡京用事，復降正議大夫，至列名於奸黨之碑。若忠介，則蓋棺之後，人無異言，令聞不已，此又温公所不能得於公者也。

佛書入中國

世但知佛書自漢明帝時始入中國，不知秦之先中國已有其書。《隋經籍志》曰：其書久已流布，遭秦火之世，所以湮滅。又劉向《列仙傳》曰：得仙者百四十六人，其七十二人已在佛經。又漢哀帝元壽元年，博士弟子景盧受大月氏王口傳浮屠經，此皆白馬未入中國之前也。况明帝時傅毅對帝所言皆是佛書，使先此未有佛書，毅何從而得之？是明帝前雖有其書，尚未盛行，自白馬既來之後，其説乃浸淫耳。

殿廷植花柳

唐朝殿廷皆植花柳，故杜甫詩「香飄合殿春風轉，花覆千官淑景移」，又曰「退朝花底散，歸院柳邊迷」。宋朝殿廷則植松楸而不植花柳者，以見嚴毅也。我朝殿廷松楸、花柳皆不植，亦有深意。

黄册

今制丁口税糧十歲一籍其數，曰黄册。自劉宋時已有之，齊高帝即位，嘗勑虞玩之與傅堅意檢定，詔曰「黄籍，人之大綱，國之政端」云云，時亦稱人籍。今世多不解黄字之義。余偶閲唐開元制，凡男女始生爲黄，四歲爲小，十六爲中，二十有一爲丁，六十爲老，每歲一造計帖，三年一造户籍，即今之黄册也。謂之曰黄，亦自男女之始生登籍而名之耳。

尾大不掉

尾大不掉，此非喻言也。西域有獸曰羯，尾大於身之半，非以車載尾則不可行。元白湛淵有《咏羯詩》：「羯尾大如斛，堅車載不起。此以不掉滅，彼以不掉死。」

雁足書

雁足傳書，世傳爲蘇武事，但武實未嘗以書縛雁足。蓋漢使者常惠自胡中還，知武尚在，故漢家令人入胡求武。托言上林獲雁，得武書也。元中統間，有宣慰副使郝經，充信使使宋，宋留之真州，十六年不還。有以雁獻經者，經畜之，雁見經輒鼓翼引吭，似有所訴，經感悟，擇日率從者具香案，北向拜，舁雁至前，手書一詩於尺帛，繫雁足而縱之。其詩曰：「露落風高恣所如，歸期回首是春初，上林天子援弓繳，窮海纍臣有帛書。」復書於左：「中統十五年九月一日放雁，獲者勿殺，國信大使郝經書於真州忠勇軍營新館。」虞人獲之以獻，元主惻然曰：「四十騎留江南，曾無一人雁比乎？」遂進師南伐。越二年，宋亡，此又效蘇武而爲之也。然武留胡中十九年始還，漢家不能爲武問罪於胡，經留宋十六年始還，而元主卒以此滅宋，爲之一歎。經，字伯常，澤州人。

群龍無首

《易》「群龍無首」，王弼注云：「以剛健而居人之首，則爲物之所不與也。」孔穎達未疏「無首」之義，今之佔俾家謂龍之剛猛在首，乾之六爻皆用九，是純陽之卦也，不宜復濟之以剛，必變而爲柔，是「無首」者，無剛也。余謂不然，通乾之卦皆是陽剛，必純剛而後可爲乾，故《象》曰：「天行健，君子自强不息。」無剛是無健也，幾乎息矣。以上諸爻皆不宜息，豈以乾之六爻而可息耶！且初九曰「潛龍」，九二曰「見龍」，九五曰「飛龍」，上九曰「亢龍」，皆指一龍也，而此獨曰「群龍」，則非一龍可知。夫首者，先也。無首者，言當此群龍俱興之時，我不可以身始事也。故《象》曰「天德不可爲首」者，謂陽剛既在，我則候時而動，不宜首事。《左傳》曰「無爲禍始」，即此意也。且乾坤二卦，其理相通，彼此互用，故坤之《象》有曰：「先迷失道，後順得常。」蓋居後而不居先，在群龍之時，即乾亦宜如此，不特坤爲然也。余故曰：「群龍無首」謂無爲事首，而非謂剛德可無也。若謂剛德不可純用，必變而爲柔，則上九之「亢龍」已先詳之矣，而此又言無剛，得無重復乎？宋均曰：「萬物之始，莫能先之，不可爲首。先之者凶，隨之者吉。」此説得之，宜補注疏之闕。

佛不能作福

唐懿宗末年信佛，故迎佛骨。第佛骨至而大駕遂晏，亦足以明佛之不能作福矣。

書啓慎餘字

今人作書啓，於左方之末書「慎餘」、「左冲」、「無他」諸語，世皆仍之，而不詳其所始。余閲程大昌《攷古》，謂古人以尊賜卑者，書啟必於紙尾批曰「與某人」，如宋時詔勑批答之類，故紙尾結言「慎餘」等語者，示行卑不敢更有他語也。

術者决王荆公去位

王荆公在相位時，嘗向一術者求卜。術者曰：「功名富貴如此，又何卜焉？」公作色曰：「今力乞去，上未許。請看旦夕便去，得否耳？」術者曰：「相公、相公，得意濃時便好休，予往日曾爲相公言之矣。要去便去，只在相公，不在上也。不疑何卜。」公悵然歎服，去意遂决。噫！今之鐘鳴漏盡，自託於上之不許，卒客死長安者，安得此術人一决乎！

易字義

《易經》之易，《説文》曰「蜥蜴，蝘蜓，守宫形象也」❶，是易即蜥蜴也。余按：《爾雅》及注疏諸書，蜥蜴之形殊，與易字不相似。戴侗作《六書故》，亦已疑之。古人製字象形最多，亦最似，而於蟲豸之類尤不苟作，故易字上从日，下从月，爲東西代明變易之象是矣。若《説文》下从勿，不从月，而曰此象形也，於蜥蜴之形何象焉？《爾雅·釋蟲》有曰「王，蛈蜴」者，注即螲蟷也，似蜘蛛，居穴中，吐絲網穴口，有足，江北人呼爲蛈蜴。❷余謂其形實象易字，故亦曰蜴，而从勿不从月者，象其足也。且蛈與蜥音相近，或蛈蜴誤爲蜥蜴，亦

❶「守宫形象也」，《説文》卷十作「守宫也，象形」。
❷「江北人」，《爾雅注疏》卷九作「河北人」。

未可知。况《爾雅》止言蜥蜴，未言蜥蜴之蜴爲易也。即蛈蜴之蜴，亦未明言爲易，然曰象形，則易爲蛈蜴，而非蜥蜴，不待辨矣。《説文》多有可疑，此其一也。

楚子問鼎

楚子問鼎，羅泌以爲妄，謂楚莊賢君，孫叔敖賢相，滅陳且復於申叔之對，入鄭且舍於鄭伯之服，非復前日之頑獷也，周爲共主，彼豈遽然而窺之。又謂鼎非傳國之物，問之何益？亦似有見，第《左氏》所載王孫滿之言未必皆妄也。余謂九鼎在周，乃上代所寳者，故周公卜洛，亦以安九鼎爲首稱。楚居漢南，嘗聞鼎之名，欲一見之而不可得，故過周之疆，問周之鼎，亦嚮慕之私耳。王孫滿惡其强梗，遂切責之，謂其窺伺神器，而楚子問鼎，初心未必遽至是也。若謂楚實未嘗問鼎，而以《左氏》爲罔，則又不盡信書之過矣。

漢高后答匈奴書

漢高后時，匈奴冒頓遺書曰「願以所有易其所無」，亦誖謾甚矣。高后召群臣議，樊噲欲擊之，季布謂噲可斬，是亦一見。但令謁者張澤報書，即不能直詞切讓，亦宜置「有無相易」之語於不問可也。今書乃盛自貶損，曰「年老氣衰，髮齒墮落，行步失度，單于過聽，不足以自汙」，能無汗顔乎？

夥頤沈沈字義

陳勝既王陳，其故人嘗與傭耕者之陳求見，及見勝殿屋帷帳，曰「夥頤涉之爲王沈沈者」，馬、班二史皆同，其下文曰「楚人謂多爲夥」，《索隱》曰：「服虔云：頤者，助聲之詞也。謂涉爲王，宫殿帷帳其物夥多，驚而偉之，故稱夥頤也。」而班固則削去頤字，豈以詞助，且上止言夥涉，故此不必加一頤字耶？王文恪曰：「夥頤，方言也，班書不宜削去。」甚是。若「沈沈」二字，《索隱》未釋，應劭注班書曰：「夥，音禍。沈沈，宫室深邃之貌也。沈，音長含反。」余謂「沈沈」二字亦當是方言，若以爲宫室深邃之貌，則於「夥頤」二字重複矣。「沈沈」之語必有所指，今苦未能詳耳。

漢書人物表同名

古今人同名同姓者甚夥，但《前漢人物表》有一士鞅在中上，又有一士鞅在中下，相去不遠，殆不可曉，豈有兩鞅耶？抑誤書也？

機雲爲顧婦贈答

陸士衡爲《顧彦先贈婦》，末章結句「願保金石軀，慰妾長饑渴」，是以爲彦先之婦贈彦先也，且士衡既爲彦先贈婦，而士龍又爲彦先婦答，不知彦先之婦於機、雲兄弟何所瓜葛，而形之翰墨如此。

六朝文法不通

六朝操觚之士，其文法真有不可解者。劉越石《贈盧諶詩》「宣尼悲獲麟，西狩泣孔丘」，及盧諶贈劉越石，其詩序有云「在木闕不才之資，處雁乏善鳴之分，卷異蘧子，愚殊甯生，匠者時盻，不免饌賓」，以「匠者時盻」應在木句，以「不免饌賓」應處雁句，而於中間乃添入「卷異」、「愚殊」二句，上下剌戾如是。

雪月二賦

謝惠連《雪賦》、謝希逸《月賦》詞藻既同，機軸不異。惠連之賦止多王起爲亂耳，第希逸警語濬於心靈，大非惠連所可彷彿。昭明並録，竊所未安，他且勿論，即惠連起語「雪宫建於東國，雪山峙於西域」，此老學究口吻也，希逸肯道之乎？

韜略非吕望筆

兵家《六韜》、《三略》相傳爲太公望之書，第騎戰之法始見於趙武靈王，而《六韜》首列其説，何也？余意太公望嘗爲此書，久或亡去，今所傳《六韜》、《三略》乃楚漢間好事者所補，非望筆也。班固《志》又有《六弢下篇》，則周史所作，乃定襄時人，又曰顯王之世❶。《崇文總目》謂漢世已失此書，又不知作何語也。

明月夜光

明月、夜光，世皆習知其爲至寶，然莫詳其本末。高誘注《淮南子》：漢時，中山之國有隋侯，見大蛇傷斷，以藥傅而塗之，後蛇於夜中銜大珠以報之，因曰隋侯之珠，蓋明月珠也。是珠名明月，起於漢也。然秦李斯上書已曰有隋和之寶，垂明月之珠。和，卞和也；隋者，非漢中山國之隋矣，豈上古故有隋之珠名明月，而蛇所銜以遺中山隋侯者，亦即此珠耶？高誘注《淮南》，止言漢中山之隋侯珠，是紕漏也。高誘又曰：夜光之珠有似明月，是明月珠之外又有夜明珠矣。故班固《兩都賦》上既云「隋侯明月」，下又云「懸黎垂棘，夜光在焉」，亦以明月、夜光爲二珠。而許子重即以明月爲夜光，《吴都賦》亦云「隋侯於是鄙其夜光」，則明月珠亦名夜光，是一珠而兩名也。或一珠，或二珠，經典失詳，故説者參差。第夜光、明月皆珠也，而《西京賦》曰：「流懸黎之夜光，綴隋珠以爲燭」，懸黎者，璧也，非珠也。鄒陽亦曰「夜光之璧」，是璧亦有夜光，不特珠矣。《尹文子》曰：田父得寳玉徑尺，置於廡上，其夜光照一室。是夜光爲通稱，不繫於珠與璧也。余謂明月、夜光固不繫於珠與璧，凡珠與璧夜中能有光照人者皆得名之，不必實指隋侯之珠、與懸黎之璧也。五臣注《文選》，未得其詳，故稍詳之。

❶「下篇」當作「六篇」，「定襄」當作「惠襄」。《漢書·藝文志》有「周史六弢六篇」，班固注：「惠襄之間，或曰顯王時，或曰孔子問焉。」

珊瑚

珊瑚之名詳於載籍，《廣雅》曰「珊瑚，珠也」，誤矣。張銑注《西京賦》亦曰「珊瑚，珠樹也」，亦誤。豈其止見珊瑚之製爲珠者，而未見珊瑚耶？珊瑚止宜言樹，不得言珠也。珊瑚生於海中，司馬光《類編》云或生於山，不知何所據。珊，又桑葛切。

輦路

「輦路」二字世皆以爲車輦所行之路，李周翰注《文選》「輦路，樓陛也」。《上林賦》「輦道纚屬」，如淳注曰：「輦道，閣道也。」與李説同，是輦道即輦路，皆非道路矣。又甬路亦飛閣之複道，今人以官署墀内之道爲甬路，乃傳誤也。

慎子名姓辨

《孟子》「魯欲使慎子爲將軍」，趙岐注：慎子，名滑釐。《正義》同，朱考亭從之。又按：《史記》「慎到，趙人」。謂慎子即慎到，是到又慎子之名，諸書皆同，但下文「此則滑釐所不識也」，爲慎子自呼。余按：古人自呼皆呼名，未有呼字者，豈慎子以滑釐爲名而以到爲字耶？皆不可曉。《莊子·天下篇》又曰：慎子與彭蒙、田駢爲友，學墨子弟子禽滑釐之術。故薛仲常應旂著《四書人物攷》遂以慎子所云滑釐乃述其師，非自呼其名也，豈師弟同名耶？《姓譜》諸書又以滑釐字慎子，其後以字爲氏，而以滑釐爲慎氏所自出，則益誤矣。慎子之先當有慎氏，慎之姓非自滑釐始也。

結字即髻字

古有紒字而無髻字，紒音界，即髻也。《史記·西南夷傳》魋結即魋髻，乃借結爲髻。韓退之《石鼎聯句》「長頸高結」正用此字，「高結」之下有「喉中作楚語」句。蘇東坡有云「長頸高結喉」，是不知結即爲髻也，故結讀作髻是也。楊用修乃欲讀凡結髮皆爲髻髮，似誤。蓋結髮即髻，猶讀結爲髻字，義能無重復。

名字相同

古人名字，一族之中且有相同者，豈其族大且衆，不相聞耶？據《左傳》魯莊公之孫有仲嬰齊，而魯文公又有孫曰公孫嬰齊。仲嬰齊者，公孫嬰齊之從祖，又且同時，而名同，何也？鄭有公孫段字子石，而印段亦字子石，乃公孫段從父子也。士文伯亦范宣子之族，而與宣子同名，見昭公六年傳，此不可曉。

冠服不必反古

今人行誼、文章皆不求如古人，惟於冠服間動必以古爲式，所稱生今反古者，非耶！昔司馬温公依古式作深衣、幅巾、縉帶。每出，朝服乘馬，用皮匣貯深衣隨其後，入獨樂園則衣之。嘗謂邵康節曰：「先生亦可衣此乎？」康節曰：「某爲今人，當服今時之衣。」温公嘆其言合理。生今反古者思之。

袴制

褌即袴也，古人袴皆無襠，女人所用皆有襠者，其制起自漢昭帝時。上官皇后爲霍光外孫，欲擅寵有子，雖宫人使令，皆爲有襠之袴，多其帶，令不得交通，名曰窮袴。今男女皆服之矣。

禱夢九鯉湖

閩中九鯉湖，禱夢者響應靈異，無虚禱者，然亦於事後乃驗。或有當人之身不驗，身後子孫始驗者。余庚子請告南歸，經過其地，僕夫以禱夢請。余謂之曰：「吉凶禍福我既不能前知，即前知亦豈能移易者，禱之何益？」

延篤挂名常侍碑陰

趙明誠《金石録》載漢中常侍州輔碑陰其鄉人爲輔立碑者題名，自漢陽太守而下凡四十有九人，惟延篤叔堅見《漢書》耳。明誠謂東漢名卿賢大夫死，則門生故吏爲之立碑而題其陰。延叔堅，當代顯人，乃挂名於閹竪之輩，似亦可耻。余謂不然，叔堅嘗有書與李文德矣，此豈出入閹竪之門者，且叔堅後坐鉤黨廢錮鄉里，至圖其形於屈原之廟，非終始無庛，安能有此。洪适因引漢靈帝時太丘長陳仲躬吊中常侍張讓歸葬潁川事以釋之，便自快然。蓋時政既惽，達而得位，則正色立朝，不可朋奸，此經也。身退窮處則同塵，所以遠害，亦一時之權，君子所不廢也。叔堅居里，而同郡爲閹竪勒石，借其名以爲重，叔堅豈得而拒之乎？此非門生故吏之比，明誠又何疑焉！

坡公論畫竹

蘇子瞻畫竹從地一直起至頂，米芾問：「何不逐節分。」子瞻曰：「竹生時何嘗逐節生。」及作《文與可篔簹谷畫偃竹記》有曰：「竹之始生，一寸之萌耳，而節葉具焉。自蜩蝮蛇蚹以至於劍拔十尋者，生而有之也。今畫者乃節節而爲之，葉葉而累之，豈復有竹乎？故畫竹必先得成竹於胸中，執筆熟視，乃見其所欲畫者，急起從之，振筆直逐，以追其所見，如雕起鶻落，少縱則逝矣。與可之教予如此，予不能然者，内外不一，心手不相應，不學之過也。故凡有見於中而操之不熟者，平居自視了然，而臨事愺焉喪之，豈獨竹乎？」余謂此言不獨畫竹爲然，即推而山水諸丹青，又推而臨池，又進而天下國家，何事不然，是東坡言技乃言道也。

坡公詩文

蘇東坡絶世之才，早年學詩，獨宗劉禹錫，而不及王、楊、盧、駱、高、岑、李、杜諸公，晚年雖曰學李青蓮，其得意處雖迫真，然多失於粗，止能爲白居易，則以信手拈來，不復措意耳。又言平生不好司馬《史記》，然其文多有模倣司馬者，朱考亭謂坡公晚年海外文字多是信筆胡説，全不看道理，此又非知坡公也。

佛字辯

今人以佛爲覺，余嘗求之不得其説，使此佛字爲西方所製，則譯之爲覺可也，第佛未入中國時先有此佛字矣。《曲禮》曰：「獻鳥者佛其首，畜鳥者則勿佛。」佛者，拗戾而不從之言也。又《釋名》曰：「䨱，佛也，言牽引拂戾以制馬也。」是佛即爲拂，而古文拂作弗，又作弜。古人觀象而後制字，以兩弓从一矢，拂之謂也。是佛者，拂人者也。其棄父母，離妻子，山河大地一切而歸於空，皆拂之謂也。以佛爲覺，蓋譯者尊信其説而故爲此美釋耳，不知西方本來果以佛爲覺乎？即此一字，而譯者失之，則五千八百卷中皆以漢語譯之者，一一皆西方本來意義乎？請以質之事佛者。

瘧病聖人

周武王克商之二年即病瘧，是瘧且病聖人也，何問君子。周公雖以身代告天，然武王竟以此疾不起，乃知人之壽夭皆定於天，雖忠如姬旦，亦不能回天也。

大麓辨

《書》堯納舜於大麓，孔安國輩以爲大録萬機之政，而桓譚《新論》亦以爲領録天下之事，若今之尚書然。故東漢始以牟融録尚書事，蓋本於此。後代多因之，故有以大麓爲三公之位者，王克已非之矣。張九成曰：處之深林大澤之間，謂觀聖人者，皆當自其難堪處觀之耳。堯之知舜，豈待以難堪者試之哉？惟《大傳》曰堯推尊舜，屬以諸侯，致天下於大麓之野。應劭云：「麓者，林之大也。」鄭康成云：「山足曰麓。」羅長源得之，其説曰：古者天子以大事命諸侯，則爲壇於國之外。堯聚諸侯，以命舜陟位居攝，致天下之事，欲天下諸侯皆明知舜之受命也，是可以剖千古之惑。但長源又云：因地譬意，大麓者，大録天下事也。是又於前妄未盡祛也。余謂納于大麓，烈風雷雨不迷者，或當納麓之時，適有烈風雷雨，而舜偃然自若，殊無驚佈，見其鎮定耳。夫震雷虩虩，不喪匕鬯，舜能不迷於烈風雷雨，此非超越尋常、足以當天下之大任者乎？故舜之授禹，亦有納麓烈風雷雨之事。蓋告終易代，皆上關天意，堯授舜，舜授禹，而納于大麓，皆有烈風雷雨，或天以此而試舜、禹，亦未可知。故當此受禪之日，烈風雷雨不迷，是足以任天下之大，而天遂與之矣。

如後代有禪位者，登壇之日雷雨震雹，遂至顛隕不能成禮者，視舜、禹之不迷，益可見也。此謂天以此試舜、禹，理或有之，而堯以此試舜，舜以此試禹，則後儒之妄也。

經與傳各行

漢初爲傳注者皆與經別行，《春秋》三傳之文亦皆不與經連，故石經書《公羊傳》並無經文，至馬融爲《周禮》注，乃云「欲省學者兩讀，故具載本文」，是後漢以來始就經爲注也。

三字名辨

人名未有三字者，楊用修以戰國董之繁菁謂「之繁菁」是三字名也。余不敢以爲然。《左傳》介之推、燭之武，介與燭皆地名，之字皆語助，非名也。董之繁菁之字即同介之推、燭之武之字，猶云稱楊用修楊之用修云爾。

論語微子篇

《論語·微子篇》凡十一章，一微子去之，次柳下惠三黜，次孔子去齊去魯，次楚狂，次長沮桀溺，次荷蓧丈人，次逸民，次太師摯去周，❶此皆門人叙述聖賢出處大致，而於末乃綴以周公謂魯公章，綴以周有八士章者何居？余謂周公謂魯公章大意言所厚者薄則無往不薄，親而可施，又何有於賢士大夫。大臣不以，則必愎狠而信任小人，無大故而棄故舊，則新間舊，小加大矣。求備一人，則賢才有弗獲自全者矣，此尚可仕於其朝耶？非此四者，聖人固不忍去其國也，故三人之或去或死，柳下惠或絀或處，孔子之去齊去魯，樂師之適齊適楚，意可知矣。彼接輿沮溺輩何足以語此哉？而終之以八士者，蓋慨慕於盛朝，謂八士何幸而生於其時，以樂行其志，不至於爲三仁，爲柳下惠，爲樂師云爾。甚矣！孔門弟子善於述聖志也。

二王名字之繆

字學之難，不特今人也。晉人善書，第不甚解字義，如王氏父子名羲字逸少，名獻字子敬，殊不可曉。羲有純義，於逸何與？獻有成義，於敬何與？父名羲，子名獻，尤爲可笑。《禮含文嘉》曰：「羲者，獻也。」《後漢書・王莽傳》「立斗獻」，❷獻音羲。《禮器》羲尊，即《周禮》獻尊，故叔獻亦作叔戲，戲與羲通，故羲與獻通。父子立名，豈可苟者，羲獻名雖異而義則同。甚矣！晉人之不識字也。

❶「摯」原作「輩」，據《論語・微子》改。
❷《後漢書》無《王莽傳》，當爲《漢書・王莽傳》。

針砭藥餌

世皆知神農嘗百草，而《孔叢子》及《世紀》皆謂伏羲已先爲之，并制九針以拯夭枉。余意百草之嘗始於伏羲，而特詳於神農耳。余又按：《靈樞經》岐伯對黄帝以九針，是針亦古已有之矣，非始於黄帝也。治病者惟針之效最神，疑古先有針而後有藥餌也。針本以石爲之，名曰砭，後世乃易以金耳，故曰藥石者謂藥與砭，非謂金石之石也。

寇萊奢儉不同

寇萊公寢處一青幃二十餘年，時有破壞，益命補葺，或以公孫弘事靳之，公曰：「彼詐我誠，雖弊何憂。」然知鄧州時，製花蠟燭，不點油燈，罷官日厠溷間燭淚在地，往往成堆，何此奢而彼儉也。青幃之弊，豈真異於公孫？

觔斗

今人以頭竪於地，以脚番上爲觔斗戲，諸書皆作觔斗，惟孫吾與《韻會定正》於「十五竪」末收跟字，注：脚跟也。又跟頭戲，倒頭爲跟也，或作㫰，則觔斗字當從孫吾與爲跟頭，謂以頭爲跟也。今作觔斗，兩字皆誤。

劉表工書

今人皆知臨池家有鍾元常，而不知元常有同學友胡昭，又不知元常與昭皆受書法於劉景升也。董北苑曰：「劉景升爲書家祖師，鍾、胡皆其弟子。昭肥繇瘦，各得一體耳。」今景升遺蹟絶無存者，《藝文志》有劉表集，亦已久亡，獨《三國志》載表與袁尚兄弟書，其筆力不減崔、蔡之流。而表初又爲黨人，在八及之列，其文行如此，宜乎書法之工也。

有餘不足

人間世自有參差不能如一者，自是正理，如周天有三百六十五度四分度之一，夫三百六十度可矣，而必加之五，又加之以四分度之一。一歲有十二月二十四氣，三百六十日宜無餘欠矣，然氣則盈而朔則虚，故律之數必有空積忽微，玄之數亦有奇零假借，是天地造化猶不能無有餘不足，而况於人乎？

水　銀

水銀一曰汞，《廣雅》謂之澒，音同。《本草圖經》曰：「水銀，生符陵平土，今出秦州、商州、道州、邵武軍，而秦州者來自西羌，乃於山石中採麤次硃砂，作鑪置砂於中，下承以水，上覆以盆器，外加火煆養，則煙飛於上，水銀溜於下，是以人力製之而後成者。陶隱居曰：水銀有生熟。生符陵平土者，是出硃砂腹中，亦別出沙地。今不聞有此。至於西羌來者，彼人亦云皆燒煆也。」及按《西粵志》云：泗城州出水銀，取之之法以人，其用人從外境市之，或逃走僮僕，或奸商縛雇役人，往售至其家。初以酒飯飼之，三日即引至水銀坑中，挖窟埋之，露其首三日，其人癢不可忍，號呼徹天，乃以鐵鏟去其首，仍埋之數日，取出則滿腹腸胃、指甲、骨髓中皆水銀矣。安南國近憑祥州地，亦有水銀坑，取法同。是與《本草》異也。

焦仲卿妻

焦仲卿妻劉氏，後人常悲其以嚴姑見逐，卒能守志殺身。余讀其詩，氏非賢婦也。姑雖呵責，始未相逐，乃氏自請去耳。一還其家，爲弟兄所逼，遂適太守之郎君，此可謂守志不移耶？其舉身赴清池，乃遇仲卿於途，要之以死，恐非其志也。

夏世最文

夏尚質，周尚文，余以爲夏固不質，而周亦不文也。無論夏之九鼎，以圖像物者，想其工巧，必非周所能作，即今《攷古》、《博古》二圖所載周之鼎彝諸物，已不能如商之工巧，何問夏哉？又如《禹貢》一書，其文章之妙，亦豈《周書》諸篇所能彷佛，乃知天下至文，必在於質，以文爲文，其文陋矣。

字學之難

漢興，《尉律》：「太史試學童，能諷誦籀書九千字，課以八體乃得爲史。吏民書式不正輒舉劾之。」石建爲郎中令，奏事下，建讀之驚恐曰：「書馬者與尾而五，今乃四，不足一，獲譴死矣。」字學之重如此。乃馬援上書：「臣所假伏波將軍印，書『伏』字，『犬』外嚮。❶ 城皋令印，『皋』字乃『白』下『羊』，丞印『四』下『羊』，尉印『白』下『人』，『人』下『羊』。即一縣長吏，印文不同，恐天下不正者多。符印所以爲信也，❷所宜齊同，❸薦曉古文字者，事下大司空，正郡國印章。」是當重字學之漢，而印章乃朝廷大信，猶差謬若此，況今日不講字學之時乎。

班固賦用騶虞

《毛詩・騶虞序》曰：「蒐田以時，仁如騶虞也。」班固《兩都賦》遂以騶虞爲蒐田之名，而曰「歷騶虞覽騆鐵」，然則《詩》言「雎鳩」以美后妃之德，今之呼賢婦人者，亦可以「雎鳩」呼之耶？

---

❶ 「犬」原作「大」，據《後漢書》卷二十四注引《東觀記》改。
❷ 「也」原作「邑」，據《後漢書》卷二十四注引《東觀記》改。
❸ 「同」下原衍「宜」字，據《後漢書》卷二十四注引《東觀記》删。

翡翠屑金

翡翠屑金，人氣粉犀，古有是語。余嘗試之人氣粉犀，誠然，獨翡翠屑金不知其解。偶閲一小説，乃知玉有名翡翠者，其色如翡翠，以之磨金，隨手而屑，但此玉世不常有，未知然否。

服玉屑

魏李預好服玉屑，而不戒酒色，遂至病篤，乃謂妻子曰：「服玉者必屏居山林，排棄嗜欲。」余謂守此二言，何必服玉。

西方聖人辨

《列子》述孔子「西方有聖人」之語，林希逸謂即佛也，至今學者皆然其説。惟邢延舉據《國語》有云：「西方之書有之曰『懷與安，實疚大事』。注云：周詩有『誰將西歸』及『西方之人皆謂周也』。如《列子》所述孔子稱西方聖人，果有是語，當謂文王，於佛何與？」余得此爲之豁然，第隋王通自稱儒者，亦指佛爲西方聖人，何惑乎今之世也。

齊鏄鍾銘

妣，母也；考，父也，父先母後。周《齊侯鏄鐘銘》皇祖、皇妣、皇母、皇考，既云妣，又云母，先言母，後言父，未詳其義。

鸑鷟

鳳之自西方至者曰鸑鷟，至則主疫，不祥鳥也。古人乃以其羽爲裘，不知其解。

花蕋夫人

孟蜀時，花蕋夫人有宫詞，膾炙後世，然夫人在蜀不足多也。蜀後主之母順聖徐太后及其姊彭王之母翊聖太妃尤能詩。乾德中，姊妹以巡禮聖境爲名，凡駐輦處皆有題咏，鐫於金石，今載在《豪異秘纂》者數十篇，皆綺麗有致，殊非粉黛口吻，其風格出花蕋上，尚數塵也。獨前後二主文詞不少，概見諸妃后得無對牛彈琴乎？後人以蜀之亡皆由於此，余謂不然。周之后妃篇章具在，而周道以昌。夫婦人能文，亦何足損乃公事。且孟蜀之國事可知，即非二后亦能保其不亡耶？余按：諸傳記花蕊夫人姓費，陶九成《輟耕録》曰：「夫人乃徐匡璋女，實拜貴妃，號曰花蕋者，以喻其美也。」不知與順聖、翊聖同族否？胡蜀之徐氏女能文若是衆也。

卷　三

八分隸楷辨

書家先有古文，次有籀文，籀文即大篆也。次有小篆，李斯損大篆而爲之也。次有隸，秦政時法令繁劇，軍期嚴迫，大小篆難猝就，乃約之而爲隸，以其可施於徒隸，故曰隸。或云程邈所作，邈故徒隸也。其法簡而且易，便於佐使，又曰佐書。或又云王次仲所作，李陽冰曰：「王次仲始作八分，以當時隸字少波勢，乃增之。因其字方八分，遂以爲名。」蕭子良曰：「漢靈帝時，上谷亦有王次仲，與秦時王次仲同姓名，亦常作八分書，鍾元常謂之章程書。此八分書所由始也。」蔡文姬曰：「割程邈字八分，取二分。割李斯小篆二分，取八分，故名八分。」則與陽冰字方八分之説又異。漢石經者，蔡邕所書，即八分也。元常善八分，有隼尾波，今《泰山銘》即此體，是古之隸與八分有波勢、無波勢，微異，非兩法也。程迥曰：東漢以來，碑刻皆用八分書，如程邈書是也。今見古帖隸書自是今之小楷。孫過庭《書譜》謂元常專精於隸書，伯英尤工於草體，彼之二美，逸少兼之。過庭所指元常隸書即今所傳《力命》、《宣示》二帖，是又以真行爲隸矣。故蕭子雲啓：「勑旨以逸少不及元常，子敬不及逸少，因此研思，遂悟隸式。」與過庭之説相同。歐陽《集古録跋》則以隸與八分爲一。趙明誠《金石録》又云：「隸者，今之楷書，亦曰真書。」是八分也，隸也，楷也，似皆一體也。

黄長睿曰：「自秦易篆爲隸，漢世去古不遠，當時正隸之體尚有篆籀意象。魏晉以來，元常士季及王世將、逸少、子敬輩始創作小楷，皆遷就漢隸，運筆結體尚圓而雅淡，其字率扁而弗橢，今傳世者若元常《力命》、《宣示》二表，世將《上晉元帝》二表，逸少《曹娥帖》、大令《洛神帖》，雖經摹拓，而古隸典刑具存。至江右六朝，若謝宣城、蕭挹輩，雖不以書名世，而其小楷，若《齊海陵王志》、《開善寺碑》，猶有鍾、王遺範也。惟陳隋間正書則結字漸尚方而不尚圓，然猶依倣漢隸一二。唐初亦爾也。及歐陽率更，虞永興出，乃易方爲長，以就姿媚，後人競效之，鍾、王楷法彌遠，而漢隸遺意無復存矣。」是八分與隸及楷，唐以前皆作一體，唐以後隸與八分爲一體，而楷遂自爲一體矣。故今之楷全無隸意，則歐、虞壞之也。余謂今之楷書不宜謂之楷，只宜謂之今隸，而漢之隸爲古隸可也。

丘明非姓左

左丘明，古今相傳丘明名，左姓也。余偶閱一小説，吴興地名丘墓者，一村皆姓丘，有大碑列其族黨，稱左史丘明之後。云明爲魯國左史，則左者乃史官之名，如左史、右史之左，而丘乃姓，明乃名也。是必有所據，故表而出之。

蚩尾誤作鴟

今宫殿鴟尾之鴟，非鴟也，乃蚩字。漢武帝作柏梁殿，恐有火災，乃飾以蚩尾。蚩蓋海獸之名，水之精也，可以厭火，今作鴟，殊誤。

障車文

世皆知古有《催粧詩》，而不知有《障車文》。唐天祐中，南平王鍾傅女適江夏杜洪子，時及昏暝，令人走乞《障車文》於湯篔。篔命小吏四人各執紙筆，倚馬而成，今其文不傳，想亦催粧之類也。

射策之制

今人皆知科塲對策爲射策，謂如射覆之射是也。《唐摭言》載漢射策謂列數策於几案上，令士人以矢投之，隨所中之策而對之，或亦一説也。但攷漢制，並無此説，不知其説何所據。

烏鬼之辨

杜工部「家家養烏鬼，頓頓食黄魚」，沈存中以烏鬼爲鸕鷀。《砦谿詩話》引元稹詩「病賽烏稱鬼，巫占瓦作龜」，稹自註云：「南人染病競賽烏鬼。」故《砦溪》以工部所稱烏鬼爲神鬼，非鸕鷀也。余嘗疑之，謂稹或得於傳聞，故戲而入詩耳。一日讀稹集，有《聽人彈烏夜啼引詩》，乃謂作拾遺時被謫，其妻竟禱於烏鬼始得還官，則是實賽烏鬼也。而烏鬼乃鬼神矣。第烏鬼不知何神，而稹之妻禱之。稹信之，殊足掩口。若工部所稱烏鬼，則沈説爲正，《碧溪》爲謬，蓋下有食黄魚語，非鸕鷀而何？

晁無咎能畫

唐以後文人未有不能畫者，如晁無咎，未嘗以畫名。偶閲陳後山詩集，有《晁無咎畫山水扇詩》，云：「前生阮始平，今代王摩詰。偃屈蓋代氣，萬里入方尺。」則無咎之畫亦有足觀，惜世不傳耳。若阮始平能畫，《畫譜》亦未嘗載後山詩，可以補其闕矣。

韓昌黎白太傅皆惑於服食

韓昌黎文起八代之衰，蘇東坡稱之，謂其一言爲天下法。以余按之，有可疑者。昌黎諫佛骨矣，晚乃與佛子大顛遊，又作《李干墓誌》，歷叙以服食敗者數人，爲世誡，而晚年復躬蹈之。白樂天有詩曰：「退之服硫黄，一病訖不痊。」是昌黎知誡人而不知自誡也。然樂天既知誚昌黎，亦好言服食事。嘗有詩曰「金丹同學都無益」，「姹女丹砂燒即飛」。其序云：「予與故刑部李侍郎早結道友，以藥術爲事。」乃知異端易惑，即高明之士亦所不免也。古詩服食求神仙多爲藥所誤，二公豈未之聞耶？

男女兩體

一友人嘗謂余言：今武進縣尚書某者，其夫人半月爲男，半月爲女。爲男時能御女，自置妾媵。余始疑焉。後閲諸傳記，則往往有之。晉惠帝時，京洛有人具男女兩體，亦能兩用人道，而性尤淫亂。《晉五行志》謂之人痾。宋趙忠惠帥維揚日，其僚友趙參議者有婢甚慧黠，參議欲私之，堅拒不從，疑有異，强即之，則男體也，遂聞於有司。蓋身有兩形，前後姧狀不一，乃寘極刑。元有李安民者，嘗於閩之福州得徐氏處子，年十五六，交接一再，漸具男形，與池州李氏女及婢添喜私通，事正相類。張師正《採異録》：景祐中，廣州舶商韋某女年十歲變爲男子，與侍婢交，有孕。嘗與吴舍人潛同學，好讀《文選》，雖鬚出於頷，然舉止言譚猶婦人也。彼武進尚書夫人何足訝哉。然《玉歷通政經》曰：「男女兩體，主國淫亂」，此非太平之世所宜有也。《大般若經》載四種黄門，其四爲博叉半擇迦，半月能男，半月能女。《二十八宿真形圖》：心房二星皆男女兩形，更爲雌雄。《異物志》：靈貍者自爲陰陽，故能媚人。若此輩者，豈博叉半擇迦及心房二星、靈貍所化生耶？第諸傳記所載皆非令善，武進尚書夫人獨富貴終身，則不得其説矣。

詠花不語

牡丹有名醉西施者，韓昌黎詩「對客偏含不語情」，羅隱詩曰「若教解語應傾國」，蘇東坡詩「不如此花不解語，世間言語原非真」，三公皆詠不語，而一解轉深一解矣。

滕王蛺蝶圖

《滕王蛺蝶圖》歐陽《歸田録》以爲滕王元嬰。余按：晝斷乃元嬰之嗣王湛然者，晝蛺蝶雀兒曲盡其妙，非元嬰也。

婦人自稱

衛夫人者，尚書李充之母，常以夫姓自稱爲李衛。今婦人自稱宜倣之。

瓊　奴

宋時永安驛廊東柱有女子題一詩云：「無人解妾心，日夜長如醉。妾不是瓊奴，意與瓊奴類。」不書姓名。陳後山有詩二首紀之，然亦未詳瓊奴出處。余偶閲《青瑣高議》，乃得之。瓊奴姓王氏，爲郎中王某幼女。父死，失身於趙奉常家，爲主母凌辱。道出淮上，乃自書其事於驛壁，見者哀之。王平甫有歌紀焉。則永安驛題詩之女子，亦必名家子，嫁爲人妾而失意者也。

宋紙背面皆可書

顔文忠每於公牒背作文稿，黄長睿得雞林小紙一卷，已爲人書鄭衛《國風》，復反其背以索靖體書章草《急就》二千一百五十字。余嘗疑之，自有側理以來，未聞有背面皆書者。顔乃惜紙，黄或好奇耳。余幸獲校祕閣書籍，每見宋板書多以官府文牒翻其背以印行者，如《治平類篇》一部四十卷皆元符二年及崇寧五年公私文牒牋啓之故紙也，其紙極堅厚，背面光澤如一，故可兩用，若今之紙不能爾也。

衚衕

今京師呼巷爲衚衕，蓋胡語也。世以爲俗字，不知《山海經》已有之，「食鸓鳥可以止衕」，郭璞注「治洞下也，音洞」。又飛魚食之，已痔衕。獨「衚」字尚未經見。

骨肉相關

宋楊敬仲曰：「仕宦以孤寒爲安身，讀書以饑餓爲進道，骨肉以不得信爲平安，朋友以相見疎爲久要。」此誠理到語。余於仕宦、讀書、朋友請從事矣，獨骨肉一語不能如命。衰慈八十，膝下止萱一兒，宦遠禄微，不能迎養，亡弟一兒猶未成立，平安之耗，兩目欲枯，若於此事可不相關，尚何事可相關耶？

給事中不宜稱黄門

今人稱給事中爲黄門，蓋始於漢，而不知其誤也。余按：《漢輿服志》「禁門曰黄闥，内人主之」。黄門即黄闥也，内人者，閹人也。漢給事中位次中常侍、侍中、黄門之下，是黄門止可以稱宦者，不可稱給事中也。但《漢舊儀》又曰：「黄門屬黄門令，日莫入對青瑣門拜，名曰夕郎。」夫曰「入對青瑣門拜」，則又非宦者，是給事中之呼爲黄門，自漢已誤矣。蓋黄門本宦者之稱，以其所司者黄門耳。給事中不司黄門，而可以黄門稱之耶？

二千石

世皆知郡守爲二千石，不知在秦時，郡之尉亦秩二千石也。尉掌佐守，典武職甲卒者。

五星聚

五星之聚自周文王。七年孟春，五星聚房。春秋時齊桓公將霸，五星聚箕。漢高祖入關，五星聚東井。安禄山反，天寶九年五星聚尾箕。宋乾德五年三月二十七日，五星聚奎，皆載在史傳者，凡四而已。《李鄴侯家傳》謂肅宗復長安，其年五星亦聚東井。唐史未載，是自周及宋五星凡五聚也。天寶九年之聚無論矣，即齊桓之霸，亦何德以致之耶？語曰「天道遠」，信矣！

婦人以父姓爲名

古者婦人不稱名，出嫁之後即以父之姓爲名，如春秋王姬、齊姜、宋子之類是也。故姬者，周之姓也，如齊稱姜，宋稱子耳。後世字學不明，以姬字爲女人通稱，已誤。漢有薄姬、栗姬、憲姬，是又以姬爲妾矣。蔡京當國，改公主爲帝姬，更足掩口。時公主乃趙姓，既於姬不合，豈以帝之女可爲人之妾耶？宋人精於考究，而當時卒無一人駁正者，則爲京之權所怵也。

七均七始

宮、商、角、徵、羽，五音也，曰七均者，有變宮、變徵，是爲七也。宮與商、商與角、徵與羽相去皆一律，角與徵、羽與宮相去獨二律。夫一律則近而和，二律則遠而不相及，不能和也。五聲之序，宮生徵，徵生商，商生羽，羽生角，至角則窮，故至角乃隔八下生，其位與宮相比，謂之變宮，是羽聲雖距正宮二律，而距變宮止間一律也。變宮又隔八上生，其位與徵相比，謂之變徵，是角聲距正徵雖間二律，而距變徵亦止間一律也。正聲五，變聲二，每律用七聲爲均，相和以均調，故曰七均；七聲迭用，以終始一調，故曰七始。

雲南荔枝

荔枝閩、廣、四川有之，他處未聞。元李京《雲南志》「土獠蠻以採荔枝販賣爲業」，當是荔之枝，非龍眼荔枝之荔枝也。

習　流

《史記》：越伐吴，使習流二千。《索隱》謂流放之罪人，《正義》謂流利慣熟，皆誤。吴，水國，習流者謂習於水戰也。

文正美謚

文正之謚，美謚也。宋時得此謚者惟吕蒙正、王欽若、司馬光、王曾、范仲淹、鄭居中、蔡卞、陳康伯八人而已。後張知白、夏竦皆欲得此謚，而司馬光論其不可，故知白謚文節，竦謚文莊，其嚴如此。若李公昉、王公旦，《謚法通紀》亦曰謚文正者，非也。二公原謚文貞，後避御諱，世遂呼爲文正耳。然欽若與卞何物，而亦得謚文正，何也？

石奴

後魏時諸王孫貴臣多服石藥，每病輒稱石發，陳後山有詩「服石爲石奴」，言爲石所使也。石奴二字亦新。

茶用鹽薑

烹茶今未聞有用鹽薑者，薛能《烏嘴茶詩》「鹽損添常戒，薑宜煮更黄」，東坡《和寄茶詩》「老妻稚子不知愛，一半已入薑鹽煎」，陳無己《乞茶詩》「愧無一縷破雙團，慣下鹽薑枉肺肝」，是唐宋以前茶皆用薑鹽也。有友人嘗爲余言，楚之長沙諸郡，今茶猶用鹽薑乃爲敬客，豈亦古之遺俗耶？

白牯青奴

《傳燈録》長沙岑和尚有曰：「貍奴白牯却知有。」白牯，蓋謂水牯牛也。陳後山《齋居詩》有云：「青奴白牯静相宜，老罷形骸不自持。」「青奴」二字，黄魯直云：「趙子充《竹夫人詩》，凉寢竹器，憩臂休膝，似非夫人之職宜，名曰青奴。」及任淵注陳詩，以白牯爲白角簟，乃借用以對青奴也。恐未必然，青奴是竹器，疑白牯是簟，固是的對，第後山詩博而核，萬無如此借用者，或白牯别爲牀笫物，當是鄉語耳。

秦法棄灰

秦法：棄灰於道者棄市。此固秦法之苛，第棄灰何害於事，而苛酷如此。余嘗疑之，先儒未有發明者。偶閲《馬經》，馬性畏灰，更畏新出之灰，馬駒遇之輒死，故石礦之灰往往令馬落駒。秦之禁棄灰也，其爲畜馬計耶？一日又閲《夏小正》及《月令》，乃畢得其説。仲夏之月毋燒灰，鄭氏注謂爲傷火氣是矣。是月王頒《馬政》，游牝别群，是毋燒灰者亦爲馬也。固知棄灰於道，乃古人先有此禁，但未必刑之如秦法。古人惟仲夏乃行此禁，秦或四時皆禁，故以爲苛耳。

臧文仲

臧文仲《左傳》言其不仁者三，不知者三，先聖又謂其竊位，其人品可知，第古今三不朽之言首發之者，文仲也。在當時亦必能立言者，今傳於世無幾，豈以其人廢言耶，抑遺逸多也。

至老稱詩

龐相國籍喜稱詩，即相府幾務冗襍，而吟咏不絶口，及疾亟，猶手録十餘詩以示司馬温公，復書其後曰「欲令吾弟知老夫病中尚有此意思耳」，其字已慘澹難識。後數日薨。今操觚之士，一入仕籍，便絶口不復稱詩，且以此道相戒。此固汩没於世態，蓋亦於此道淺，故不得不棄去耳。

樂府譌缺

《風》、《雅》滅而《離騷》作，《離騷》又廢，樂府繼之，此詩之正宗也。樂府者，漢之鐃歌是也。當時采於民謡，襍以趙、代、秦、楚之風，而傳世永久，訓詁譌缺，至有不可曉者。自《樂府解題》出，而後稍稍能發明。然今之辭存而可以測其義者，不過一十八篇耳。前後文人擬而作之，無慮百數，大率不宗本旨，或自立新意，以句讀富贍爲雄，且言語淺陋，皆失古人之意。又《題解》出於二三子之手，或智識淺薄，不能究見其微，使後之學者無所依據，故千載之間竟無定論，特存其名句而已。如《思悲翁》一篇，有「奪翁美人，梟子五梟母六」之句，以理推之，必無五子而六母也。大意以梟爲不順之鳥，言母攜其子捨已從人而去，力不能取，故發於音聲而悲怨之。今究其義，則似是言五子與母併其數爲六也。又有《所思》一篇，乃男女相絶而相怨者，其言摧折之，焚燒之，與君斷絶，不復相思，不爲已甚乎。以此喻君臣，則非三宿而後出晝之義；以此喻夫婦，則略無忠厚之旨，豈若《氓》之詩，猶有道其宿昔，拳拳不忍之意乎？余嘗欲變其本旨，謂與君雖絶，專思君，庶可補於《風》、《雅》，而有益於世教也。尚當與博古者再詳之。

官吏不得受監臨飲食

漢法：凡吏受監臨飲食皆免官。景帝時，以爲其法太重，更議著令。於是丞相、廷尉議，凡吏及諸有秩者，受其官屬所監、所治、所行、所將飲食，計償費，勿論。故此時，吏亦得受監臨飲食也，第必須償費乃可，如不償費，則猶免官。故卓茂爲密令，民有言部亭長受其米肉者，茂雖不爲聽，然是時受監臨飲食之禁尚嚴，故民得以言亭長耳。因念戰國有以二卵棄干城之將者，漢法實始於此。此法至宋時猶守之，故賈漸起請除舊例送酒食外，不得買置金帛作土風贈遺。及省司參詳，今後以公使錢買置珍異等物及見錢送與人，皆從違制定斷，其收受人坐贜論。其有公使錢人受還答之物入已，准盜論。時曹修知鎮戎軍，受鄰人公用酒，已而自首，法司竟坐贜論廢。於是司馬温公以爲舊條之意明，許以酒食相遺，其有公使錢人受還答之物，止謂珍異見錢耳，今曹修止於尊酒，隨而自首，已爲刻薄。法官又以贜罪加之，剖析一條以爲二事，不察人情，不顧大體，非厚道也。自後所犯如上條，必須贜滿五疋以上方得科罪，其不滿五疋及以飲食相饋餉者皆勿論。遂爲令。嗚呼！古多廉吏，固自古風，然而古法之嚴如此，雖欲不廉，得乎？今苞苴公行，至以餽遺厚薄爲官殿最，安得賈漸起、曹修輩起而按之。

婦人裸撲爲戲

宋嘉祐間，正月十八日上元節，上御宣德門，召諸色藝人各進技藝，賜與銀絹。內有婦人裸體相撲者，亦被賞賚。夫婦人相撲有何可樂，且上有天子，下有萬民，后妃侍傍，臣僚縱觀，而使婦人裸戲於前，何以隆禮法，示四方乎？余初疑此或偶爾爲之，後閲司馬温公劄子有此一議，乃知此戲原置樂籍中，又民間街市亦以此聚衆爲戲，不知始於何時，有此不美之俗也。

司馬光辭知制誥

宋朝凡知制誥者皆先試官，久而後用，故司馬温公以修起居注試知制誥矣。及實授知制誥，凡九上，辭免，乃改天章閣待制。後治平四年，復除翰林學士，亦三劄，辭免。夫温公豈不嫺於詞命者耶？其辭知制誥第三劄曰：「自知文字惡陋，又不敏速，若除拜稍多，詔令填委，必閣筆拱手，不能供給，縱復牽合，鄙拙尤甚，暴之四遠，爲人指笑。」及辭翰林學士第三劄亦曰：「禀性愚鈍，拙於文詞，若使解經述史，或粗有所長，於代言視草，最其所短。」此固公謙損之語，然以余閱公生平文字，其於詞命之體，果不盡合，是人各有能、不能耳。今代知制誥者皆循資而用，不問能否，何怪乎四遠指笑乎？

陰陽地理之説

陰陽之書使人拘而多畏，至於喪葬爲害尤甚，是以士庶之家或求葬地，擇歲月，至有累世不葬者。余按：古者葬期，天子七月，諸侯五月，大夫三月，士踰月，葬於北方北首，未嘗問歲月相山陵也。然考其子孫之吉凶，亦豈有異於今哉！《春秋》書己丑葬恭嬴，雨，不克葬，庚寅日中乃葬。丁巳日葬定公，雨，不克葬，戊午日下昃乃葬。是雖卜日，亦不拘拘於日也。《周禮》冢人掌公墓之地，先王居中，以昭穆爲左右，不擇地形，然而周有天下三十六王八百六十七年，地之吉凶又何論焉？夫葬者，藏也。本以安祖考之形體，得土厚水深、高敞堅實而祖考安則可矣。若欲爲子孫求福澤，至延歲月，令祖考遺體暴露而不得藏，是欲子孫安而不必於安祖考也。仁人孝子，豈其然乎？

餐菊

《楚詞》「餐落英」，菊英也。今人餐菊者皆生餐之，亦未聞有烹炮者。温公《晚食菊羹》詩：「采擷授廚人，烹瀹調甘酸。毋令薑桂多，失彼真味完。」不知其法何似。

蘇子由制策差錯

嘉祐中，温公差赴崇政殿，後覆考應制舉人，於直言極諫科試卷内有囸毡兩號，詞理高絶，獨傷於切直。而毡字號之卷，又所對一兩事與所出差舛，温公與范鎮同議，以囸字號爲第三等，毡字號爲第四等，詳定官已如議矣。初考官以爲不當，朝廷遂更差官重定，復從初考，遂以毡字號卷爲不入等。温公抗議：「毡字號文詞臣不敢復言，但指陳朝廷得失無所顧慮，於四人之中最爲切直。若以此見黜，是名爲求直言，其實惡直言也。」上曰：「言果切直，不宜棄也。」乃降一等收之，則蘇轍也。今轍集中所對策原無差舛，豈見收後潤色之耶？轍與軾兄弟齊名，而對策亦有差舛，當是少年問學或未到耳。今制考試編排字號皆用《千文》，宋時試卷字號必另製字樣，故囸毡二字非字書所經見者。

死而尸温

宋嘉祐中，廣陵有蔣生者逸其名，死十四年矣，而尸猶温，妻子不敢殯殮，留尸於牀。嘗有書自遠方以貽其妻子，筆跡宛然。劉攽有詩云：「三徑積荒草，玉棺不上天。初疑青竹葬，有值吴門仙。妻子同脱屣，衣冠如脱蟬。何年獨鶴歸，悲歌城市遷」。此亦載籍未經見者。

古章奏皆手書

宋時百官奏章皆手自書進，賈學士直孺爲諫官，有所條奏，仁宗識其手書，每嘉賞之。古人凡在仕籍，無不工書者，故一切章奏皆手書之，非惟得敬君之體，且機密事亦不至宣洩取敗。今人多不能書，故不得不倩於書史耳。但古人章疏未必全用楷書，而行草間見，今古帖中尚有載者。

黄　六

今京師勾闌中諢語，言給人者皆言黄六。余初不解其義，後閲一小説，乃指黄巢兄弟六人。巢爲第六而多詐，故詐騙人者爲黄六也。

宗藩之盛

我朝宗藩，自古未有若是其盛者。余纂修玉牒，萬曆二十二年止，屬籍者已十六萬人，今又十年，其生齒尚未知其數也。偶閲《俟鯖録》載唐元稹行《李從易宗丞制》詞云：「劉氏子孫在屬籍者十餘萬人。」夫漢祖掃秦灰之燼，我高祖革元政之弊，其功同也，故胤嗣之盛亦相同乎。

燕脂

《古今注》曰：燕脂之草出自西方，葉似紫蘇，花如茜，土人染粉以爲婦人面色，故名燕脂。後人效之，以紅花染絳爲之，非彼之草染之者。秦始皇宫中悉用紅粧，疑始於秦。余按：李石《續博物志》「三代以降，塗紫草爲燕脂」，又非始於秦也。紅花一名紅藍，又名黄藍，張騫使西域得之，以其葉同藍，故曰藍。燕或作臙，作因，作胭；脂或作支。匈奴妻曰閼氏，讀作胭脂，謂其顔色之美也。有一説燕脂作烟支，唐睿宗女代國長公主少嘗作烟支，棄子於階，後乃叢生成樹。公主歎曰：「人生能幾，我初笄，嘗爲烟支，棄其子，今成樹陰映瑣闈，人豈不老乎？」是烟脂又有樹，有子，非草染者，不知何種？古詩《匈奴歌》云「奪我焉支山，令我婦女無顔色」，以山有草可染，臙脂又不獨出西域也。

粉

《古今實録》曰：蕭史與秦穆公鍊飛雪丹，其第一轉與弄玉塗之，即今鉛粉也。婦人傅粉自秦始。余按：《墨子》「禹作粉」，張華《博物志》「紂燒鉛作粉，謂之胡粉」，或曰周文王時婦人已傅粉矣，未知然否？但婦人傅粉斷非始於秦也。周静帝時，禁天下婦人不得用粉黛，令宫人皆黄眉黑粧。黑粧即黛，今婦人以杉木炭研末抹額，即其制也。若黄眉，則唐詩有云「纖纖初月上鴉黄」，又云「鴉黄粉白車中出」，今不復知其制矣。一説黑粧亦以飾眉，漢給宫人螺子黛，故云黛眉。曹子建《七啟》「玄眉施兮鉛華落」，即墨眉也。庾信詩云「眉心濃黛直點，額角輕黄細安」，是黄黑俱眉飾，未嘗廢黛也。額上塗黄，亦漢宫妝。梁簡文詩「同安鬟裏撥，異作額間黄」，虞世南《袁寶兒詩》「學畫鴉黄半未成」，是黛色或以點額，或以施眉，黄色或塗額上，或安眉角，古人媚粧隨意皆可。

妲己

妲己古書有作䵟己者，《説文》「白而有黑曰䵟」，《字統》「黑而有黶曰䵟」，二説皆不離一黑字，則妲己之貌斷非瑩白矣。古有玄妻，亦云其貌如漆，有光可鑑。晉惠帝賈后短形青黑色，南漢主劉鋹得波斯女，黑腯而慧黠，鋹嬖之，賜號媚猪。此皆以黑見寵者。世廟有尚妃者，貌亦黑，宫人稱爲黑木娘娘，寵冠一時。則䵟己、玄妻當不誣也。

火浣布

《逸周書》有《火浣布贊》，❶火澣之布，入火不滅，布則火色，垢則布色，出火而振之，皎然疑乎雪，是白色也。《山海經》云，布出火山國，火中有白鼠，毛可作布，敝則以火燒之如新。與《十洲記》同。此即《周書》所稱疑雪者也。《玄中記》又云，南方有炎山，❷其山有木，取以爲薪，燒之不燼，取其皮，績之爲火浣布。是火浣布有二種也。今海外諸國入市嶺南者往往有之，余嘗見，乃灰色者，未及詢其爲木皮爲鼠毛也。今回紇之野馬川有木曰鎖鎖，燒之不燼，亦不作灰，婦人取根爲帽，入火不焚，豈亦炎山木之類耶？余於京邸，見有數莖合而爲一，疑鼠毫，又不類，大較似木皮中可績者，其色瑩白，以火燃之，并沃以膏，火中透紅，以爲必燼，及取出，則雪白如故，雖毫末不損。始信《逸周書》所贊非妄也。

太玄潛虚

《易》之爲書，廣大精微，天地古今萬物萬事無一不備，無一不徹。揚雄之《太玄》、司馬光之《潛虚》，皆《易》之所已詳者也。夫《玄》與《虚》得無贅乎？噫！乳出酪，酪出酥，酥出醍醐，若雄、光輩之所作，是又

❶ 《荀學齋日記·己集下》「初七日丁丑」條：「案《逸周書》並無《火浣布贊》，《山海經》亦無此文。」

❷ 「方」原作「中」，據《玄中記》改。

從醍醐中覓酥，從酥中覓乳也。

楊用修妄改杜詩

楊用修謂顏延年《赭白馬賦》「騑出冢之敗駕」後人改「出」爲「突」乃佳，杜子美詩「大家東征逐子回」後人改「逐」爲「將」乃佳，白居易詩「千呼萬唤始出來」後人改「始」爲「才」乃佳，此癡笨人前説風流也。「突」字拙，「出」字巧，「才」字俚，「始」字文，惟作者自知之耳。獨以「逐」爲「將」，雖《詩》有「不遑將母」及古樂府「一母將九雛」，杜豈不知者？其用「逐」字原有深意。婦人三從，其一從子，「逐」即「從」義也，意不在「將」而在「從」，語不以「從」而以「逐」，此正詩家三昧。以「將」字易之，不亦淺乎？用修又以杜詩「江平不肯流」謂意求工而句反拙，不及李群玉「水深難急流」，巴渝《竹枝詞》「大河水長漫悠悠」爲勝於杜。余謂《竹枝詞》此何等語，可以擬杜？即「難急流」不亦淺而俚乎？杜之妙處全在「不肯」二字，蓋本陶淵明「日月不肯遲，晨雞不肯鳴」來。故「不肯」二字杜嘗四用之，「秋天不肯明」、「干戈不肯休」、「王室不肯微」，而惟「江平不肯流」最佳。余家有小樓臨長江，每於夏漲時憑闌，輒思杜之「不肯流」句，乃詩中畫也。

象

世言象膽隨四時在四足，亦未必然。劉跂《暇日記》載：象營三象死，剖之，其二膽果在足，其一膽在腹中。歲己亥，今象房象死，余往詢之，膽亦在腹中也。聞象具十二肖肉，惟鼻是其本肉，膽隨月轉在諸肉，正月建寅即膽在虎肉，其説又不同，未詳孰是。劉跂云「象肉觔理，段段不相屬」，則誠有之。又云味亦各異，故世言象肉千味，亦未必然也。

天地止有三行

西僧利瑪竇言天地間止有三行：水也，火也，土也。又以氣爲一行，人頗以爲誕，余謂此非利瑪竇之言也。邵子曰：「天依形，地附氣，至矣，盡矣。」然此非邵子之言也。岐伯對黄帝曰：「大氣舉之。」葛洪釋渾天曰：「地居天内，天大而地小，表裏有水，天地各乘氣而浮。」虞聳曰：「天形穹窿如雞子，冪周接四海之表，浮於元氣之上，如覆奩於水而奩不没，氣充其中也。」張子曰：「虚空即氣。」減一尺地即有一尺氣，人自不知。又曰：「氣之散於太虚，猶冰之凝釋於水。」蓋天包地外，所以浮之者氣也，所以浮氣者水也，氣與水合，生生不窮，所以能浮天地而升降之。鮑景翔曰：神爲氣主，神動氣隨；氣爲水母，氣聚水生，故呵氣成潤，雲蒸霧涌則水珠流出，山川出雲則時雨以降，此其證也。故天地間有許多氣，自有許多水生。氣則生水，生水則助氣，未嘗相離。然非火以涸之則陰氣盛陽氣微，而爲沴矣。夫日者，火也，蓋日圓竟千里，無物不破；升天萬物焦，入海則萬水涸；水不涸則盈而濫，易至汎濫，涸而不生，則氣與水俱竭。是水也、氣也、火也，三者相爲循環於無窮，此天地之所以爲天地也。利瑪竇之言非誕也。

衣冠以白爲忌

今世冠服皆以白爲忌，亦出於古禮。父母在，衣冠不純素，素即白也。余閲《隋志》，古未必然。宋、齊之間，天子私宴著白高帽，士庶以黑。太子在永福省，帽亦以白紗，國子生亦服白紗巾。晉人多著白接羅，接羅亦巾也。南齊垣崇祖守壽春，白紗帽、肩輿上城。郭林宗遇雨墊巾，李賢注：以葛爲之，葛亦白也。樂府《白紵歌》「質如輕雲色如銀，製以爲袍餘作巾，袍以光軀巾拂塵」，即今之白紵，《列子》所謂阿錫，而西子之舞所稱「白紵紛紛鶴翎亂者」是也。《唐六典》「天子服亦有白紗帽，其下服如裙襦韈皆以白，眎朝聽訟，燕見賓客，皆以進御。」皆古制也。白不爲忌如此，然其下注云「亦用烏紗」，則古制雖存，未必肯用，多以烏紗代之。若以白爲忌，其或起於唐乎？宋明帝末年多忌諱，以白門爲不祥，諱之。右丞江謐誤犯，上變色曰：「白，汝家門。」則唐以前已忌之矣。

海　月

謝靈運詩「挂席拾海月」，有謂「海月」係水族一物，似水母而非，大如鏡，白色，正圓，其柱如搔頭，甚佳。此癡人前説夢也。海月，海中之月。拾字乃古人用字之巧，若以爲拾水族之物，有何意味。

詩文必有所本

先輩謂杜詩、韓文無一字無來歷，余謂自古名家皆然，不獨杜、韓兩公。他且勿論，即作古選體，有一字不從漢魏中來，便不是古選；作律詩，有一字不從盛唐諸公中來，便不是律詩。故唐選體之所以不及漢魏者，是以唐人字眼作古選；宋律詩所以不及唐者，是以宋人字眼作唐律也。

餘甘子

虞允文與人書有云「南詔餘甘子一桶」，王元美《宛委餘篇》載餘柑子見《臨海異物志》，謂與橄欖同一果。及閱《異物志》，謂大小如彈子丸，理如定陶瓜瓣，初入口苦，咽中甘，與橄欖同味。乃知正余里中所呼油柑子也。元美未見，遂云「今天下饒橄欖絶無餘甘」，物之難博如此。第柑當作甘，不宜从木，允文當不誤，或傳寫誤耳。

七七

里俗：人死每遇七日輒設奠，七七四十九日乃已。今國朝大臣諭祭亦有七七，雖非通行古禮，但禮亦有之。人生四十九日而後七魄全，死四十九日而後七魄散也，七七之説，蓋本此。

卷四

圖書生剋

有盛必有衰，有進必有退，有存必有亡，余於河圖洛書得之。河圖左旋，生數也；洛書右旋，剋數也；一生一剋，天地且不能違，而況於人乎？ 故河圖洛書相繼而出，天地之情見矣。

雲列祀典

雨以潤物，有雲乃有雨，據祀典皆有功于民物者也。古人止祀風、雷、雨，而不及雲，豈以雨雲相因，祀雨即祀雲耶？ 至我朝始兼風、雲、雷、雨而並祀之。又至世宗，乃易風、雲、雷、雨之序，而曰雲、風、雨、雷。以雲爲首祀，是雲之爲神，不知歷幾萬刼，幸遇我世宗始大遇也。亦奇矣哉！

附徐司馬鑾議

《易・屯・象》稱「雲雷屯」，以坎不言水而言雲，明雲之氣即雨也。嘗登高山，雲氣濛濛然，與雨無别，然此乃爲雨之雲，如卿雲、五雲之雲又自不同。古人以雲紀官，太史分至啟閉必書雲物爲備，則昭代列于四祀之首，於義誠是。

拜帖不古

余閲一小説，古人書啟往來及姓名相通，皆以木竹爲之，所謂刺也。至宋時，王荆公居半山寺，每以金漆木版寫經書名目往寺僧處借經，時人遂以金漆版代書帖。已而恐有宣洩，又作兩版相合，以片紙封其際，久之其製漸精，或又以縑囊盛而封之。在宋時，南人謂之簡板，北人謂之牌，其後通謂之簡版。至淳熙之世，朝士乃以小紙高四五寸、濶尺餘相往來，謂之手簡。市中遂製手簡紙賣之，而竹木之刺廢矣。今之拜帖用紙，蓋起于熙寧也。余謂簡札用紙，其來已久矣。馮盛嘗誚盧杞提三百綾文刺爲名利奴，郄愔遺牋詣桓温，子超取視，寸寸毁裂，若竹木之刺。何稱綾文，又寧堪寸裂耶？意東漢造紙後，簡札之制已爲之一變矣。王沂公取殘柬裂去前幅以遺孫京，是時書帖已有長餘，但不如今之侈耳。其以金漆版代書帖，特取一時之便，倣古制而爲之，決非古制至此時猶存也。若從前未有書帖，何言代乎？吴質《答子建書》「發函伸紙」，文帝《與劉楨書》「獲累紙之命」，此漢魏間語，尤可證。但其製止濶尺餘而已，今用七八摺爲全柬者，是後人積奢之所致也。余嘗見楊公士奇一帖，其紙即今長安中之連七紙最粗惡者，亦僅三摺，面上一紅籤僅如筯，姓名之字僅大如指頂，其所語事即書於左，不用今之副啟，而其字草書，蓋真跡也。今用副啟，聞亦起於世廟末年，書名字大則近見。今日凡京朝官，其字至多與政府相等，此亦士風之不古也。

東坡前定

天之生賢不與庸衆同者，才與位而已，二者兼全，十不得三，故與角去齒，亦乘除之數也。蘇東坡《志林》：「韓退之磨蝎爲身宫而已，以磨蝎守命，故平生謗譽略同。」及南海謫還，有問其艱苦者，坡曰：「少時入京師，有相者云：『一雙學士眼，半箇配軍頭。』」然則公之流離顛沛，不獲安於大位者，固才大不容，而於星相二説，亦前定之矣。噫！與角去齒，豈惟坡公？

佛經不真

余嘗疑佛經五千八百卷皆華語，不知凡經幾譯乃成，亦不知與佛所説同否，孰從而辯。唐顯慶中，玄奘譯經，帝勅于志寧等監譯，有勅曰：「特爲看閱，有不穩當處即隨事潤色之。」是今之經典中多有中國人潤色處，未必一一皆佛説也。經語未必皆出於佛，而欲以經語作佛，此與按圖索駿何異？

通家之稱

今人朋友相知往來皆稱「通家」，宋以前已然。但汪彦章誡其子恪曰：「自吾父及汝三世矣，未嘗與人通家往來。」夫家者，妻也；妻者，自娶之爲後嗣計耳，豈可以娛他人，稱「通家」耶？余思「通家」二字施於往來外姓，委不雅觀，然相沿已久，難於頓革也。

莫愁

莫愁樂，《古樂府》及《唐書樂志》、《樂府解題》皆謂出於石城樂，以石城有女子名莫愁也。石城皆謂金陵之石頭城，故金陵亦有莫愁湖。宋曾三異以石頭城在楚之郢中，而漢江之西岸至今有莫愁村。及閱《統志》，金陵故無莫愁湖，是三異之説亦有據也。三異又云：「曾見莫愁之像，有石本，衣冠甚古，乃古之神仙者流，非女子也。郢中倡女常有自名爲莫愁者，甚爲僭瀆。」是以莫愁爲女子，其誤已久矣。石城，晉杜預第，在今承天府，即古竟陵也。樂府石城樂，臧質爲竟陵郡時所作，是爲荆楚西聲，莫愁樂亦西曲也。今漢江西有莫愁村。《志》云「盧家女善歌謡，嘗召入楚宫」，古辭云「莫愁在何處？莫愁在城西」，又云「聞懽下揚州，相送楚山頭」，唐人詩「莫愁魂散石城荒」，又「村近莫愁連竹塢，人歌楚些下蘋洲」，則莫愁爲楚女明甚。今金陵莫愁湖在三山門外，相傳有妓盧莫愁家此，或後代倡女慕莫愁名，好事者因其人以名湖。而竟陵之與金陵，石城之與石頭城，又易訛也，即金陵有莫愁，當是兩莫愁矣。又《樂府解題》云：「古歌有莫愁，洛陽女」，則是有三莫愁矣。

李至有功名教

前代俳優之輩多有以吾孔子爲戲，至宋至道二年重陽，皇太子、諸王宴瓊林苑，教坊有以吾孔子爲戲者，賓客李至言唐太和中樂府以此爲戲，太宗答伶人，以懲無禮。魯哀公以儒爲戲尚不可，況敢戲及先聖乎？太子歎其言而止之，此戲遂絶。若李至者，誠有功於名教也。

假葬

今俗過信堪輿，多停棺於土，上以磚石甃之，至數十年遠猶不瘞埋者，徽郡爲甚。余閲《通典》，亦有《假葬三年即吉除服議》。晉郄詵母亡，便於堂北壁外下棺，謂之假葬。三年即吉，衛瓘以其不應除服而議之，是假葬雖聞於古，然而非禮也。今有數十年不下棺，而子孫除服從吉仕宦者，可令衛瓘見乎？

建文還京

建文帝之老而還京也，《廣西通志》：正統五年，帝在思恩州，自言於知州岑英，轉聞巡按御史，奏，驛送赴京，嘗留題四詩於横州南門壽佛寺。《貴州通志》則以所題四詩乃在金筑長官司羅永菴，❶與鄭曉《吾學編》同。余意當以《貴州志》爲正，且帝之還京在天順年間，而正統五年有僧自稱爲建文帝者，乃奸僧楊行祥也。廣西志書正統五年帝還京，其失於考訂如此。

❶《（乾隆）貴州通志》卷三十七云「嘗題三詩於壁」，非四詩。

壇醮之始

僧道二流，道士之名先見。《太霄經》云：「周穆王因尹軌真人制樓觀，遂召幽隱之人，置爲道士。平王東遷洛邑，置道士七人。漢明帝永平五年，置二十二人。」是時，佛方入中國也。趙與時謂用道士設醮祈福延壽，則漢建安二十四年吴將吕蒙病，孫權命道士於星辰下爲請命，是設醮之法始于此，亦周公金縢，子路請禱遺意。余謂唐陳羽詩云「漢武清齋讀鼎書，内官扶上畫雲車，壇上月明宫殿閉，仰看星斗禮空虚」，是設醮祈請漢武已有矣，非始於吴孫權也。

地下有世界

西僧利瑪竇嘗謂：「余言天上有一世界，地之下亦有一世界，皆如此世界。」聞者多以爲幻妄。余閱《西陽雜俎》：有人掘井，深已倍于常井數丈，不見水，忽聞向下有車馬人物喧闐之聲，近如隔壁。出以告州將，將遣人驗之不誣，欲奏其事，恐涉於怪而止，遽令塞之。是瑪竇之言亦似有據也。

周禮大司樂辯

《周禮・大司樂》所載大祭樂止有四音而無商音，鄭氏註曰：「祭尚柔，商屬金，剛也，故不用商。」此傅會於内事、外事剛日、柔日之説也，賈公彦亦從之。先儒乃爲之説，曰：「周以木德王，商之金能尅木，故諱而不用。」余謂楚固失之，齊亦未得也。夫五德之運起於後世讖緯家，周公制樂時未聞其語，且司馬《史》周武王伐殷時，「有火自上復于下，至于王屋，流爲烏，其色赤」，故先儒皆謂周以火德王，是木王諱金不足據矣。宋儒又有言鬼神畏銅，商屬銅，故佩玉之聲中商，律者不用，尤爲臆説。余不知樂，第以《樂志》諸書細按其圖，有正聲，有子聲，有變聲。太蔟在少商調中者，即黄鍾之商也，特用太蔟之子聲。子聲者，正聲之半也，故曰少商。夫五音之全，易辯也；其半而爲少，爲子，又爲變，難辯也。周樂奏於圜丘者，圜鍾爲宫，黄鍾爲角，太蔟爲徵，姑洗爲羽；奏於方澤者，函鍾爲宫，太蔟爲角，姑洗为徵，南吕爲羽；奏於宗廟者，黄鍾爲宫，大吕爲角，太蔟爲徵，應鍾爲羽。或皆自其正聲言之，未及詳述其子聲耳。故熊朋來謂《大司樂》未嘗無商，而闕商聲者，特不用於起調與畢曲也。似亦得之。然謂更代易世，俗樂不知改作，如唐以土王不知去角，而但因《周禮》亦闕商，宋因唐制，亦闕商。此又偏信五德之説者也。宋《樂書》注引琵琶如夢人授譜，❶始有《湘妃怨》、《哭顔回》二曲，皆徵調。近代俗樂原無徵調，亦猶《大司樂》之無商也。夫五音十二律循環相生，原無間斷，此乃天地自然之妙。凡一律中既有正，有子，有變，而十二律之爲正，爲子，爲變者，亦皆含焉，一毫無所增減，乃可成律。倘周公作樂果不用商，必且參差不齊，豈能與黄帝之《雲門》、《咸池》，堯之《大章》，舜之《大韶》，禹之《大夏》，湯之《大濩》叶奏一堂，以供六祀哉？夫六代之樂，五音皆全，而謂叶六代之樂者，五音有不全乎？故余謂周樂雖止四音，而五音必無不全之理，即其上文亦曰「凡六樂者，文以五

❶「如」當作「女」。《樂書》卷一百三十八注：「昔王保義有女善彈琵琶，夢異人授之樂曲。」《五經説》卷四：「《樂書》注引琵琶女夢異人授譜。」

音矣」，又何疑焉？ 古人文字簡要，特舉其概，鄭氏未及細詳，遂謂無商，而疑於剛柔之說，後人又疑於鬼神五德之說，此皆强作解事者也。 夫樂以象德也，余聞之賓牟賈問《武》樂於孔子：「遲之遲而又久，何也？」孔子曰：「病不得其衆也。」又曰：「恐不逮事也。」又曰：「久立於綴，以待諸侯之至也。」又曰：「周道四達，禮樂交通，則夫《武》之遲久，不亦宜乎？」夫商，屬金，屬義，屬言，其聲明而敏，與武王病不得衆，恐不逮事，而舒緩以待諸侯之意稍乖，故周公制樂，尚遲久而嫌敏急，不以商之正聲爲宫耳。 謂之無商聲，不可也。 又嘗退而求樂歌，先儒謂欲知樂者，先須識等子。 今按：周之樂歌載在三百篇者，試以四聲等子韻之，則又專用宫、商、徵、羽。 夫歌與奏相合乃爲樂，歌有商聲，而奏可無商聲乎？ 故余謂周樂之未嘗無商也，於此益明。 獨角之一聲，則樂歌始終不用，此又何說焉？ 自古制樂者，其五音十二律皆起調於宫音。 蓋宫者，五音十二律之君也。 周樂祭天則以黄鍾之羽起調，祭地則以太蔟之羽起調，至祭宗廟則雖黄鍾爲宫，而其起調亦黄鍾之羽，非黄鍾之宫也。 夫黄鍾爲君律，宫爲君聲，起調即無君，而入調雖有君又爲他音所役，是尊臣而抑君也。 說者又爲之說曰：「羽，水也，周以木德王，水能生木，故皆起調於羽，君弱臣强已兆于此。 周公聖人，豈其智有不及，或者天定之數，聖人亦且安之，未可知耳。」余又不敢以爲然也。 孔子之對賓牟賈亦曰：「有司失其傳久矣。」周衰，諸侯僭竊，又皆去其籍，禮樂之制蓋殘闕不完。 復經秦火，樂比禮更爲殘闕。漢孝文時得魏文侯樂人竇公者，年百八十歲，兩目皆瞽，獻其書，乃《周官·宗伯》之《大司樂》也。 夫以數百年之簡帙出於一瞽人之手，能保其無殘闕乎？ 《大司樂》之旋宫不相管攝，今太蔟爲徵，又復重出，其爲錯簡明甚。 漢初諸儒尚能習禮，而習樂者則寥寥無聞。《周禮》一書多出漢儒手，稍得其影響，輒附會之，《大司樂》所載，必非周公當時之制，抑當時五音十二律其上下損益相生及四聲之韻與今或當微異，後世以今人音律求古音律，豈能一一皆合乎？ 且上下損益相生，其爲隔八無疑，而先儒又有謂周樂皆隔五易律者，是今人求今人尚覺矛盾，況以漢儒求周制乎？故樂歌闕角必別有義，亦斷非五行之說。若起調以羽，不以宮，安知今之所謂羽即周公所謂羽乎？羅長源有言：後世黄鍾安知非古大吕，後世應鍾安知非古無射。故姜夔議樂請各用本均宮、角、徵、羽，正謂此也。然其稱爲角，爲徵，爲羽，可見古人已備六十調矣，故謂周樂皆以羽起調者，余又不能無疑也。或曰：「天地元聲，豈以世代變易，子謂五音十二律古今微異者，此亦臆說。」余曰：「説則臆矣，不觀之《詩》乎？《詩》三百篇，先儒謂皆可被管絃者，朱晦菴乃言三百篇中可被管絃止數章，此既異矣。先儒有以等子韻譜取三百篇，字字韻之，竟無一章合律者，孰謂古今人音韻一哉？夫人之聲固萬有不齊，總之止有五音而已，律且有八十四矣，人之聲能有八十四音乎？故古之聖人所稱聲爲律者，止禹一人，是自禹而外，即聖人之聲，亦未皆一一合律也。蓋五音十二律既有正、有子、有變，而三聲之中有老、有少、有次，又有老之老、有少之少、有次之次，故曰五音之變不可勝窮也。夫等子於五音，亦足以盡變者，尚難以叶三百篇具在之《詩》，當漢儒時，即平上去入四聲尚未立，而遽信其所附會影響者，謂聖人之樂果闕商、闕角，且以兆弱君也，何其過信漢儒，輕疑聖人哉！余讀書不多，讀樂書尤不能多，故臆説如此，以俟知樂者是正焉。

附徐司馬鑾議

古樂殘缺莫甚於今，博士家絶不置談，況有能尋其聲數，正其譌誤，益寥然矣。《周禮·大司樂》分樂而序之，黄鍾一均以祀天神，太蔟以下五均以祭地祇，祀四望，祭山川，饗祖妣，蓋調五聲兼八音而有之，其云祭祀樂無商聲者，則五氣不備，高下奪倫，安在爲樂？鄭氏之謬，蓋泥于「圜鍾爲宮」以下三段有宮、角、徵、羽四聲而無商音，與上文不同，因概疑祭祀歌奏皆不用商，而後儒附會其説，引五德相勝，益增其妄。蓋此爲圜丘、方澤及禘祫三大祀降神之樂。凡祀皆有樂，降神後合樂而奏之，三大祀爲重，故迎神至六變、八變、九變，若他祀樂則無此數。注中所謂各以聲類求之，是也。其云本宫相生，爲角、徵、羽，有用、有避者，非也。蓋降神之樂既與六樂不同，作者明取别義，如圜鍾得房心之氣，是爲大辰帝之明堂，故首奏之以降天神；函鍾輿鬼之分，是爲天社坤之門户，故首奏以出地示；黄鍾虚危之宫，是爲宗廟，故首奏以迓人鬼。各以其類，以合神明之德。即鼓鼗、孤竹、雲和之類，亦與八音稍殊，明爲降神而作矣。若夫四聲無商，如鄭註以祭尚柔，商音堅剛不用，推之旋宫之法，並無一合，朱晦翁亦嘗非之。據晦翁説，以爲此自四樂，各舉其一，如黄鍾一宫，次太蔟爲徵，即林鍾爲宫，應鍾爲羽，即大蔟爲宫，太吕爲角，即南吕爲宫之類，然圜鍾一宫，再奏黄鍾爲角，係夷則宫，又奏太蔟爲徵，姑洗爲羽，俱在林鍾宫，無取相生之次第，又非音節之和諧，其理終不可解，即朱説亦未爲得也。愚謂聲氣之和生于人心，符于理數，樂律長者聲濁而高，短者聲清而下。宫聲最濁；損之爲徵，次清；益之爲商，次濁；又損之爲羽，最清；又益之爲角，居清濁之中。相生者一高一下，相比者自高及下，取唱隨子母之義。三大祀者，天陽而健，純粹以精，數奇而圓，其知大始。圜鍾陰律，以帝之明堂奏之，以道和氣，次黄鍾、太蔟、姑洗，居子寅辰，始于一陽，極于三陽，陽明用事，相間各一律，律遞減一寸，吹之而和調，俱含宫，象天德也。地道柔剛，含弘光大，數偶而方，萬物資生。林鍾得坤之本位，隔八而上生太蔟，太蔟隔八而下生南吕，南吕隔八而上生姑洗，四維之氣已備，以姑洗律長于南吕，故後生而先用，法地道也。人者，參天兩地，兼陰兼陽，相得有合，順位成章。黄鍾起于虚危，其位屬子，子與丑合，間以大吕，太蔟寅氣，寅與丑合，和以應鍾。黄鍾律之始，應鍾律之終，四德無所不統，立人道也。合三樂，凡十二律以足十二辰之數，以分祀天神、地祇、人鬼，其義甚著。圜鍾六變，一天之始，五天之中也；函鍾八變，二地之始，六地之中也；黄鍾九變，人參三才，三三而九也；奏既四律，故音取四聲爲義，其實奏曲時五音及變聲、子聲高下相從，當無不備，不然則不成調矣。然則剛柔五德之説不足深信，甚明。唐太常祖孝孫制有《十二和》，其饗圜丘以黄鍾，祀方澤以林鍾，祭宗廟以太蔟，既與三樂稍別。協律郎張文收乃復採三禮，仍用圜鍾祀天，函鍾祭地，黄鍾祫禘，樂曲凡四，又似合樂，不但爲降神之奏。蓋古樂之亡久矣，乃若宮聲起調于羽，其説難明。五聲中羽爲物，以羽役宮，爲以臣役君，非其本義。沈存中云：「君臣民不可相凌，事物則不必避。」余意猶非之。蓋旋宮也者，即潛宮也。古人以其遞相生爲旋，其實太和元氣潛行于十二辰之内，黄鍾潛行于十二律之中，無時間斷，唯是管長聲濁，高下難諧，故有半聲變聲，以合其節，豈以尊君抑臣故諱避之哉！試推旋宮圖，起黄鍾宮，至夾鍾爲羽，凡五十五律而調畢，奏一闋復起宮音，以七聲按之，大不踰宮，細不過羽，羽上生宮，音調不諧，故黄鍾以應鍾爲變宮收之，上生無射之宮，然則起調以羽入調以宮，或以貞元相生之序言之，而訛以爲周樂皆起于羽，爲臣弱君之兆乎？若夫樂歌之闕角也，三百篇之不盡協律也。竊謂作者當以意求之，《書》云「聲依永，律和聲」，歌咏樂章，或朝廷所製，或太史所陳，豈能一一盡中宮商？在登歌者自當隨律高下，依律以和聲，不當移律以就聲，如今之譜曲子，句字不同而調同，況雅樂乎？四聲、七音、等子來自西域，濫觴于李登、沈約輩，大備于宋儒，中間有其理可信者，有甚非其理而必不可信者。可信者四聲爲經，即一宮一徵一商一羽，聲止于四，故不及角也。七音爲緯，則宮、商、角、徵、羽、半商、半徵備焉，古詩歌多四言，疑無角聲。以此蓋四聲之虛角，亦猶三樂之藏商也，以宮、商、角、徵、羽爲次，宮可含商；以宮、徵、商、羽、角相生爲次，則角聲半清半濁，行乎其中，合之則無不備矣。等子必不可信者，必字字如聲乃爲合律。或有聲無字，至强造字以傅會之。或上去二聲相犯者，則一音別爲二義，以活字爲上聲，實字爲去聲，支離穿鑿。沈休文自不能解，後人遵之若金科玉條，可發一噱。況欲以此定樂，則三百篇不當盡付之祝融乎？等子韻甚欲別著一論，闢之樂律之辯，不敢附于知者，姑述其胸臆，以請是正于大方如此。

帝王簪珠翠

今制冕旒皆綴以珠寶，獨不用翠。福府畢姻，余見王簪翠花兩枝，此婦人之飾也，頗以爲疑，及詢諸内侍，皆云朝廷嘗簪之，此亦有所做。魏明帝好婦人之飾，冕旒改珊瑚珠，晉元帝嘗以翡翠飾冕，帝王服飾乃爾。

檮　杌

檮杌，惡獸，楚以名史，主於懲惡。又云，檮杌能逆知未來，故人有掩捕者必先知之。史以示往知來者也，故取名焉。亦一説也。

雞口牛後之誤

蘇秦説韓「寧爲雞口，無爲牛後」，今本《國策》、《史記》皆同，惟《爾雅翼・釋豵》篇：「寧爲雞尸，無爲牛從。尸，主也，一羣之主所以將衆者；從，從物者也，隨羣而往，制不在我矣。」此必有據，且於縱横事相合，今本「口」字當是「尸」字之誤，「後」字當是「從」字之誤也。

晏安酖毒之誤

《左傳》管仲語齊桓公以救邢，曰：「晏安酖毒，不可懷也。」余見一書「晏安」作「燕安」。燕處堂幕，知安而不知危者。「燕安」二字甚當，今作「晏安」，乃「燕」之譌也。因知「酖毒」之「酖」亦當作「鴆」，「鴆」乃毒鳥。上曰「燕安」，下曰「鴆毒」，句中的對，後人作「酖」，亦「鴆」之譌耳。

鷽㗊雕字

《爾雅・釋器》：「象謂之鵠，角謂之鷽。」一本作「鷽犀謂之㗊」，一本作「雕玉謂之雕」，一本作「鵰」。四者皆取鳥名，豈古字皆相通耶？抑別有據也？

窖養花木

今京師入冬以地窖養花，其法自漢已有之。漢世大官園冬種葱韭菜茹，覆以屋廡，晝夜爇熅火，得温氣諸菜皆生。召信臣爲少府，謂此皆不時之物，有傷於人，不宜以奉供養，奏罷之。但此法以養菜蔬，未言養花木也。今内家十月即進牡丹，亦是此法。計其所費工耗，每一枝至數十金。但在漢止言覆以屋廡而已，今法皆掘坑塹以窖之，蓋入冬土中氣煖，其所養花木，借土氣、火氣俱半也。

藞苓字相通

「藞」即「苓」字，與「蓮」字通。《龜策傳》「龜千歲游蓮葉之上」，徐廣曰：「蓮一作苓，聲相近，借字也。」苓，小草，龜老而神，其形轉小，故能游於小草之上。若水中之蓮，凡龜皆可游，不足奇矣。又《詩·采苓》以「首陽之巔」叶之，是「蓮」亦有「苓」音也。❶

治亂甘苦黑白

以亂爲治，以苦爲甘，故甘草名大苦。《禮記疏》：牽牛三點黑名爲三點白。

介雞

《左傳》季郈之雞鬬，季氏介其羽，《爾雅翼》作「芥其羽」，謂以芥菜之芥播其羽也，必有所據，但未詳其義。

❶「是『蓮』亦有『苓』音也」當作「是『苓』亦有『蓮』音也」。《爾雅翼》卷七：「又《詩·采苓》以『首陽之巔』叶之，豈『藞』亦有『蓮』音耶？」

鬱鬯之辯

古者釀酒以黑黍爲上，其色必黑。祭祀用鬱草和之者，以鬱草黄色，故酒色黄而且香。《詩》所謂「黄流在中」，以其酒色黄而且流動也。今又乃以黄色爲酒品之惡者，與古異矣。又絶無以鬱草和酒，豈其法不傳耶？若酒之不和以鬱者，又名爲鬯，是黑黍之酒，即鬯也。若加以鬱，乃名鬱耳。《説文》解「鬯」字乃云「以秬釀鬱草」，是「鬯」亦可以兼「鬱」。自「鬱」與「鬯」對言之，則當致其辯耳。

鷊字辯

《詩》「邛有旨鷊」，旨鷊，小草，五色，似綬，故名綬草。《詩》言欲有文采具備，以成調理之臣，如鷊者，不戕賊之，而後得也。但鳥名亦有鷊，亦名綬，故古本《爾雅・釋鳥》有「鷊綬」，與《釋草》「鷊綬」同文。羅願遂以《詩》之旨鷊爲鳥，與上「防有鵲巢」爲偶，謂鵲善相地而後累巢，若有驚懼，則不累也；鷊善相天而後吐綬，若有戕賊之疑，則不吐也。此説亦有據，但謂之旨鷊，則似是屬草，蓋旨與旨畜之旨相同，此草亦可食，故云旨。若是鳥，未聞可食，不應言旨矣。第未得《詩》之善本以正之，若旨鷊之鷊從草，其爲草無疑；不從草，其爲鳥無疑。今世所行《詩》及字書皆混亂，故無由辯之，而諸説紛紛也。

無廉恥做得尚書

長安中有一士人醉酒，跨驢遇一八座於中衢，不下驢引避，隸人叱之，此士人亦大相叱，八座呼而問之。士人，生員也。八座曰：「既是生員，當有廉恥，如何醉酒撒潑如此？」士人笑曰：「公乃無廉恥耳。」八座曰：「我如何無廉恥？」士人曰：「若有廉恥，如何做得到尚書？」一時喧傳絶倒。因憶杜有道妻嚴氏嘗以書與從子預，有曰：「諺云『忍辱至三公』。卿今可謂辱矣，能忍之，公是卿坐。」此亦無廉耻乃做得尚書之意也。

孔子采詩不及楚

《楚詞》屈原諸作有用韻者，有一二句即改韻者，有全篇不用韻者。當原之時，四聲之學尚未出，或皆用當時土語，自可相叶，後人以今所行韻語讀之，自不可叶耳。但三百篇在原之先，而以今韻叶之，又無不通。楚之土語豈真南蠻鴃舌之音耶？先儒以孔子采列國之詩爲《國風》，獨不及楚爲疑。余意楚在當時亦有詩可采，或亦如《離騷》之用土韻，不可施於管絃，故孔子不之采耳。有謂孔子修《春秋》，以夷狄待楚，故不采其詩，是亦一説。然秦亦猶楚也，而《秦風》十篇，尚序於《豳風》之上，豈以平王東遷之時，秦仲之孫能以兵送，亦能尊王者，不如楚之僭王耶？

三十六奉朝請

陶弘景《與從兄書》：「仕宦四十左右作尚書郎，即抽簪高邁。今三十六方作奉朝請，頭顱可知，不如早去。」余今將五十矣，始作尚書郎，仰望古人，殊爲低首。

詞人用事

詞人用古事多有錯誤者。王介甫《桃源行》：「望夷宫中鹿爲馬，秦人半死長城下。」二世致齋望夷宫在鹿馬之後，長城之役乃始皇，非二世也。

惡獸爲名

鑿齒乃惡獸名，與檮杌同類。余怪晉習主簿以之爲名，未審其意。北魏元叉名夜叉，弟羅名羅刹，夜叉、羅刹皆食人之鬼，亦以爲名，何也？

佛不度女人

劉書與高歡書：「尼與優婆夷實是僧之妻妾，損胎殺子，其狀難言。今僧尼二百許萬，並俗女向有四百餘萬，六月一損胎，如是則年族二百萬户，驗此佛是疫胎之鬼也。」大藏律文，佛告諸弟子：「汝慎勿妄度沙彌尼，女人恣態難保，悦在須臾，以後佛生惡意，不真，菩薩不可妄度。」❶是尼之醜行，亦佛之所惡也。

上林羽獵二賦

司馬相如《上林》、揚雄《羽獵》二賦膾炙千古，北齊楊斐謂❷：「雖係以隤牆填壑，亂以收罝落網，而言無補於風規，祇足昭其愆戾。」亦是名言。

❶《沙彌尼離戒文》：「悦在須臾，以復更生惡意。譬如水泡一起一滅，無有定常。能見人根，觀其大行，見其宿罪。今以盡度，便得道者急當度。自非菩薩阿羅漢不可度尼。」見《大正藏·律部》。此處疑有奪誤。

❷「楊斐」，《北齊書》卷四十二本傳作「陽斐」。

風流罪過

北齊郎基常語人曰：「任官之所，木枕亦不須作，況重於此事。」唯頗令寫書。潘子美以書與之曰：❶「在官寫書，亦是風流罪過。」余居京師，別無所作，止是乞俸寫書，罪過多矣。基答潘曰：「觀過知仁，斯亦可矣。」未審京師中有能觀仁者否？

佛經恐非西來大意

余嘗疑今中國所行佛經，皆經數譯而後通，中間不無乖其本旨者。偶閱鳩摩羅什與慧叡書：天竺國寳文製，偈頌宮商體裁，以入絃爲義。今改梵爲秦，失其藻蔚，雖得大意，殊隔文體，有似嚼飯與人，非徒失味，乃令嘔噦也。今之經卷，果皆西來大意乎？余不敢信矣。

仙書皆僞筆

西王母訊上元夫人書云：「比不相見，四千餘年。」西王母答云：「遂替顔色，迨五千年。」不知所云年數

❶「潘子美」，《北齊書》卷四十六作「潘子義」。

如人間甲子耶？不知西王母者，開闢之初即有之，抑生於中古也？其書乃作今人筆，其僞無疑。且上元夫人書云：「先被太帝君勑，使詣玄洲校定天元，正爾暫去，如是當還，還便來席，願暫少留。」麻姑報王方平書亦云：「先受命按行蓬萊，今便暫往，如是當往，還便親覲，願來即去。」其體裁相同，是上元夫人、麻姑書皆僞襲也。

仙宦非共途

許長史穆精心仙學，似非凡胎者。保命君嘗示以書，而引漁陽田豫鐘鳴漏盡之語以責之，定録君亦責其不即褰裳。乃知仙宦原非共途，今逐逐緇塵，眈眈青紫，猥談玄學，真癡前説夢也。

陶淵明乞食

陶淵明恥以五斗折腰，遂至貧而乞食，有詩曰「出門拙言詞」，王摩詰《與魏居士書》，謂陶「是屢乞而多慙也。嘗一見督郵，安食公田數頃，一慙之不忍，而終身慙乎？」孔子曰：「我則異於是，無可無不可。」鄙哉！摩詰宜其困辱於安禄山也，終身之慙，豈在乞食哉。

道學可護短

王槐野《與王立道書》云：「傳言公今講學，棄去文詞不理，此近代道學自護其短之巧術，乃公柰何效之？」此誠不易之論，講學者可以媿矣。

姜維母書

楊用修纂《尺牘清裁》，凡十一卷，王元美謂其挂漏，增至二十八卷。梓成，復搜得四十條，附之于後，因識之曰：「令劉孝標、陸澄爲之，當免此。」元美自謂可無遺漏矣。余檢《晉書·五行志》，復得姜維《報魏人書》一章，云「良田百頃，不計一畝，但見遠志，無有當歸」。時魏人獲維母，令維母手書呼維，以當歸譬之，故維云云，此元美所未及收也。

天問可疑

孟子言「堯殛鯀於羽山」，殛者，殺也。屈原《天問》「永遏在羽山，夫何三年不施」，是堯未嘗殺鯀，特流放之而不赦耳。又齊桓公以羣公子争位，身死不歛，未嘗見弑，今《天問》云：「齊桓公九會，卒然見殺。」是鯀本見殺而謂之不殺，桓本未弑而謂之見弑，豈別有所據乎？余按：屈原《天問》，今所行者王逸章句耳，逸謂《天問》文義不次，多奇怪之事。司馬遷論道既所不逮，劉向、揚雄亦不能悉，逸則稽之舊章，合之經傳，爲之符驗，事事可曉，余未敢盡以爲然也。此文既云原觀壁間圖畫而作，是事爲一説，當時未必相綴屬者。原沈江後，後人乃采而綴之，故文義不次耳。讀者亦宜逐段讀，不宜總作一篇也，但其事奇譎，或亦疑誤相半，未必皆原舊作。

元微之詩

元微之《放言》五章，余讀之，殊未見佳處，白樂天乃謂其「韻高而體律，意古而詞新，雖前輩深於詩，未有此作」。豈古人評詩止以意，不以詞耶？

元白皆無兒

元白齊名，且相友善，白公無兒，世皆知之，微之亦無兒，世未知也。微之整比舊草，以詩寄樂天云：「天遣兩家無嗣子，欲將文集與他誰？」

九　歌

《楚詞·九歌》實十一篇，乃知九者非篇數也。或云九者陽數之極，故陽九乃否極之會，屈原取以名篇，自喻其不得志之極也，此亦有理。

禹娶四日即治水

禹娶塗山氏，以辛酉日娶，甲子日即出，而治水八年於外，是新婚四日即有啟也。

荆公不事修飾

王荆公未遇時，蓬頭垢面，世多疑其爲詐。居政府時，侍朝，有蝨自荆公襦領而上，直緣其鬚上，顧之甚笑，公不知也。朝退，同行王禹玉指以告公，公命去之。禹玉曰：「未可輕去，請一言頌之。」曰：「屢遊相鬚，曾經御覽。」荆公爲解頤。乃知荆公亦不事修飾者，疑其詐則過也。

古今兩羿

古今善射必稱羿，但有兩羿：一在夏，弑夏后相者；一在堯時，射河伯妻洛妃者，詳《楚詞・天問》注。

西北水田

今人欲於西北種水田，此非創爲説也。唐王建《水運歌》有云：「遠徵海稻供邊食，豈如多種邊頭地。」即此意也。

詩文顯白古奥

典謨之文，三百篇之詩，爲萬世詩文之祖者，以其古而能奥也。然於述事説理，又未嘗不顯白。若歐蘇之文，元白之詩，則一以顯白爲主，殊無一毫古奥意，何以爲詩文？

古無騎字

古人畜馬唯以駕車，未有單騎者，故古經典並無騎字，至六國時乃單騎馬。惟《曲禮》前有車騎，蓋《禮記》乃後漢書也。

露筋廟辯

今高郵州露筋廟，世傳有兩女子過此，遇夜，一女入宿於人家，一女貞潔不肯入宿，宿於門外，遂爲蚉蚋所嘬，抵曉露筋而死。余嘗疑之，蚉蚋雖猛，豈能嘬人至死。此女即貞潔，亦豈能忍受此蚉蚋，不自搏拂耶？偶閲《酉陽雜俎》，乃云江淮間露筋驛，乃一醉人宿其處，爲蚉所嘬。江德藻《北道記》：邵伯間露筋梁，故老云有鹿過此一宿，爲蚉所食，至曉見筋。則今所云貞女露筋者，乃後人傅會以惑人也。第淮揚之間俗涉溱洧，後人傅會露筋以爲貞女，夫亦有所風耶！

儒釋不必相援

使釋迦生中國設教，當如周孔，是周孔書中自有釋教，儒者何必談佛；使周孔生西方設教，亦當如釋迦，是釋教書中亦自有儒教，釋者何必援儒。

宋玉招魂

宋玉《招魂》爲屈原而作，是時屈原尚未沈江，宋玉見其放斥愁懣，恐其魂魄先已散去，其身不能久存，故招其魂，使反於身，非如今人已死而招其魂也。

二王書法

二王書法妙絶今古，大小想皆入神，梁高祖《答陶弘景論書》謂：「逸少書無甚極細者，即《樂毅論》乃微粗健，恐非真蹟。」晉梁相去不遠，而二王極小之書已不可復見矣。余謂二王書即大如拳者亦不復見，何也？韋文休曰：「二王書自可稱能，未是書也。」❶此必有説。陶弘景又謂：「王逸少自吴興以前，書猶未稱。凡厥好迹，皆是向會稽時、永和十許年中者。從失郡告靈不任以後，❷畧不復自書，皆使此一人，世中不能别，見緩異，呼爲末年書。逸少亡後，子敬年十七八，全倣此人書，故遂成，與之相似。」乃知今世所傳右軍遺蹟，不知是真是僞，但陶公所云此一人，竟闕其姓名，可爲遺恨。

丙午丁未

俞文豹《吹劒録》：「凡丙午、丁未年，中國遇之必災。故宋時有術士上《丙午丁未龜鑑》，謂自秦昭襄五十二年迄五代，凡二十一次，其年皆不靖。宋南渡，丁未高宗渡江，淳熙丁未高宗上仙，獨淳祐丁未則無他異。惟自夏迄冬不雨，所在湖陂河井枯竭。蓋丙午、丁未在天之中，丙丁屬火，皆在丙午旺鄉。五行中，惟

❶「未是書也」，《太平御覽》卷七百四十八作「未是知書也」，《太平廣記》卷二百七作「未知是書也」。
❷「任」，《嶺南遺書》本作「仕」。

水火不宜旺，旺則不可救藥，非有興王盛德未易當也。故大撓作甲子，於丙午丁未爲天河水，以水能制火也。戊午、己未爲天上火，以戊己土蓋其上，則火不能熾也。」他不暇引。宋以丙午、丁未而元代之，元以丙午、丁未而我太祖興焉，故有丙午、丁未而天下或無大故者，未有大故而不值丙午、丁未者也。天行之數，亦可畏哉！

老於宦途不能自引

余嘗謂官尊年至者，多繫戀爵位，不能自決，往往皆妻孥所從臾也。白樂天《戊申歲暮詠懷》有「猶被妻兒教漸退，莫求致仕且分司」。計其時，已五十六七矣。又云「龍尾趂朝無氣力」，又云「老病旁人豈得知」，以此光景而猶欲求分司，不意此老亦爲妻孥所從臾如此。其次章云「更擬躊躇覓何事」，末章云「萬一差池似前事」，則亦心欲去而不能自決矣。近代一大老年已望八，復以三年考滿，臺省露章劾其不知引年，此老乃自疏罪，謂忘其年，豈亦有妻兒爲從臾耶？一笑一笑。

卷　五

蒼梧寄生酒

五嶺之外絶無佳醖，近遊宦者宴會，皆嗜蒼梧寄生酒，獨其性酷熱，不宜多飲。第蒼梧之酒自古有之，晉張華《輕薄篇》有「蒼梧竹葉清」，陳張正見《置酒高臺上》詩「浮蟻擅蒼梧」，未審即此寄生酒否？

螬可療目

《孟子》：陳仲子三日不食，耳無聞，目無見，及食井上螬食之李，然後耳目始有聞見。余嘗疑螬可以治耳目之病。及閲《晉書》，盛彦之母失明年久，嘗撻其婢，婢恨，以炙螬啖之，母食之美，後以示彦，彦乃抱母痛哭，然母從此目復明。則仲子之目既盲而復見者，以食螬之李也。因閲《本草》，亦云蠐螬汁滴目中可去障翳，孟子之言不誣矣。

朱考亭妄評杜詩

杜子美有「仰面貪看鳥，回頭錯應人」之句，乃詩家上乘，而朱考亭引之，謂其爲心不在焉則不得其正，真可發笑，何異癡前説夢乎？

阮宣子斂錢爲婚

晉阮宣子居貧，四十餘未有室，王敦等斂錢爲婚，皆名士也。慕之者求入錢而不得，固是宣子勝事，然以王敦而與斂錢，不無損於匪人，豈當其時敦惡尚未著耶？然其家思曠、謝幼輿諸人皆逆覩之，而宣子獨不知，何也？至其時，有求入錢而不得者，其人亦自有致宣子，奈何拒之。後王敦爲鴻臚卿，謂宣子無食，鴻臚丞差有禄，宣子竟從其命，爲鴻臚丞。此與阿兄遥集不肯與温太真同受顧命，便跌一着。且宣子素不喜見俗人，遇即舍去，何至與王敦周旋乃爾，大不及其家思曠以酒廢職也。然宣子固可兒，何至向王敦作活，其爲鴻臚丞也，豈如思曠所云，既不能躬耕自活，必有所資，故曲躬爲憂生計耶？

帝王謚號

上古帝王皆無謚號，堯、舜、禹、湯是也。至周公旦始立謚法，謚其父爲文，兄爲武，然止一字而已。秦始皇削去謚法，止以一世、二世爲稱。漢仍秦俗，故謚亦一字，然亦皆死而定名。至唐乃生而加美謚多至十餘字以上者。我朝雖死方易名，然唯臣子二字，若帝王則亦多至十餘字矣。不意元俗尚猶近古，太祖之謚不過六字，太宗以下皆兩字。獨秦王太師巴延者，人臣也，生前輒加美謚十四字。夫考行定名，是非毫不可掩，豈以字之多寡爲美惡哉！

元俗近古

元俗帝王送終之具，梡木二片，鑿空其中，類人形，合爲棺，置遺體於中，加髹漆畢，則以黄金爲圈，三圈定，送至直北寢園之地，深埋之，用萬馬蹴平，俟草青方解嚴，則已漫同平坡，無復考誌遺跡。此亦古人不封不樹者之遺意也。

以詩句定人品

李布政昌祺，江西人，卓爾不羣，其行概詳《水東日記》。嘗作《剪燈餘話》，詞雖近褻，而意皆有所指，故一時搢紳多有心非之者。其作《彈琴記》有「江南舊事休重省，桃葉桃根盡可傷」之句，亦皆寓言。韓公雍按江西，即以公有此書，不祠鄉賢。因憶王荆公集四家詩，不録李白，蔡天緊問其故，❶荆公曰：「才高識卑，言

❶《宋史》卷四百四十四本傳，蔡肇字天啓。

酒色者十八九。」夫文人遊戲筆墨，二李之遭王、韓，亦不幸矣！

滁地爲南北要地

滁州雖彈丸地，亦逐鹿者所必争也。蓋淮南無山，惟此州邊淮，有高山大川。江淮相近處，爲淮南屏蔽，去金陵才一水隔耳。既得滁州，不惟可斷中原南顧，即淮南以北，一望平原無復險隘足虞，故宋太祖之受周禪也，其威名起于清流關之斬皇甫暉。我太祖之混一四海也，亦起于滁州之首克，孰謂地險不足恃哉！

樂律不講

國朝文明之運夐出前古，獨樂律一事置而不講。韓苑洛邦奇嘗爲樂書行于世，然未有能講解而施行之者。洪武中，有山西都指揮郭敬解鍾律，以水置食器中，斟酌損益，以箸擊之，即合音調。嘗聞教坊奏登降之樂，愀然不樂，或問之，曰：「非爾所知。」當事者誠加意此事，請開一樂律科，安知無郭敬其人者出而應乎？

國初乘驢

國初風俗淳朴，搢紳在京師多有乘驢者。如《草木子》載李公紀爲治中，嘗有詩云：「五品京官亦美哉，腰間銀帶象牙牌。有時街上騎驢過，人道遊春去未回。」嘉靖初年，觀政進士每三四人共賃一驢，此風今不可復覩矣。

詩　法

四言詩自三百篇後，絶無繼者，獨韋、孟稍近之。漢魏而下，詞既偶儷，氣亦緩弱，至顔、陸諸篇，大非風人之旨。茂先《勵志》、淵明《停雲》，雖云古質，然尚不逮陳思王，況雅頌乎？故作四言者，必以三百篇爲法。而五言，古必取材于漢魏，蓋建安諸子猶有古風，特華采過之，故渾厚不逮耳。若潘、陸、陶、謝，則去漢遠矣。五、七言近體，唐初沿陳隋之習，雖音響鏗鏘，藻思麗逸，而風骨未備。李、杜、王、孟、高、岑諸子繼作，陶鎔變化，集厥大成；至於錢、劉、元、白，則涉于淺易，而才力頗弱，故作者罕尚焉。

淫亂之始

淫亂之俗，軒轅氏而下皆未有見者。至夏少康時，浞國之君娶純狐氏，有子，早死。其婦曰女岐，寡居。

澆强禦，往求之，女岐爲其縫裳，共舍而宿，男女淫亂實自此始。

婦女遭亂

婦人不幸而遭變亂，爲人所執者，止有一死乃稱完節，别無他説可自解者。宋建炎間，金兵犯廣陵，有晏氏者，元獻公殊四世孫女，年十五，從其叔孝純官廣陵。廣陵破，氏在俘囚中，敵人欲脅而汙之，不從。或自經，或投井，皆以救獲免，主母爱之，撫育如己出。年至三十一歲，猶無恙也。節則節矣，國破家亡，乃偷生十五年，欲何爲乎？

王導遺誅

楊用修謂王導非忠臣，其説甚詳。余按：《晉書》導之罪猶未盡也，晉周札爲右將軍，都督石頭軍事。王敦反，攻石頭，札開門應敦，故王師敗績。敦以札爲會稽内史。時札一門五侯，吴士貴盛莫比，敦已憚之。及敦疾，錢鳳欲害札宗以自託，沈充譖之於敦。敦遂誅周氏，襲札於會稽，札率兵拒敦，兵散而死。後札故吏詣闕訟冤，宜加贈謚。卞壼議以札開門延寇，不宜追贈。郄鑒亦謂札宜從卞議，獨王導數爲申復，當與周顗、戴若思同例，朝廷竟從導議追贈。余謂開門延寇，乃不臣之大者，後雖中異殉身，何足以贖？壼、鑒之議於是爲正。導乃以石頭開門爲信敦匡救，札所以忠于社稷，然則敦之舉兵内向，即以隗協干政爲名，亦豈忠于社稷耶？夫敦之不臣，何待周顗見誅而後見其罪。即其向石頭時，雖三尺豎子豈受其欺者？以札而信其爲匡救，此不足責，以導而亦云然，大義滅親者不如是也。當壼、鑒議駁，導乃抗顔争之，將誰欺乎？且札兄之子曰筵者，聞札開門納敦，嘖咤慷慨義形于色，札既可以愧死，而導乃以敦之入石頭爲匡救，以札之納敦爲忠，蓋導亦一札耳，何以謝筵於地下哉！時有周撫者，嘗爲敦從事中郎，從敦俱反，敦敗，撫亡入西陽蠻中，後因詔原敦，撫詣闕請罪。詔禁錮之，而導乃用爲從事中郎，又何疑導之以札爲忠也。導之黨惡如此，萬世其有遺誅乎？

陶侃被誣

陶士行唱義於晉室板蕩之秋，破石頭，斬蘇峻，誠爲一時元勳。獨史載其夢生八翼，登天門九重至八，閽者以杖擊之，墜地折左翼。及握重兵，居上流，潛有窺伺之志，輒思折翼之祥，自抑而止。嗟夫，一何誣乎！自古誣人而不得者必汙以閨房之事，以其難明故也。晉史欲誣士行，至加以夢寐中事，其難明更甚於閨房者。且士行實懷異志，果有此夢，正令自知，人安得而知之？其説固不攻自破。蘇子瞻嘗言士行忠節可横秋霜而貫白日，余因按其行事始末。生當浮虛之俗，動而見尤，一入仕途，荆棘萬狀，終日自運百甓，於竹頭木屑間，雖一束之檖，亦經營不怠，卒能恢廓才猷，立功立事。蘇峻之禍，賊將害其子者馮鐵也，鐵奔石勒，勒收爲戍將。勒卒畏士行威名，遂殺鐵。勒嘗自負，標置二劉之間，俯視曹孟德、司馬仲達，顧憚士行若此。梅陶稱士行機神明鑒似魏武，忠順勤勞似孔明，豈欺我哉！當其義旗既建，一麾東下，子喪不臨，直趨蔡洲，一時勤王蔑有先者。逮元勳克集，實主齊盟，乃退然不居，旋師歸藩，臣節益著。夫坐擁八州精兵在握，設士行而誠有不臣之思，其改步猶反掌耳。雖朝廷憚其勳名，每加疑備，而士行處之泰然。末年卧疾，封府庫而登舟，舉慾期以自代，視去方伯之重任如脱屣然，其始終本末無一可議，不臣之迹果安在哉？獨覽庾亮之傳，應詹之書，則疑其跋扈；觀温嶠之舉，毛寶之謀，則疑其顧望。毋亦行高者毁來，加以蘇峻之誅，庾亮恥爲之屈。士行且溘先朝露，後嗣彫零，庾氏世總朝權，秉史筆者能不曲徇？今乃舍其灼然之跡，而信其夢寐之言，豈爲善觀史哉！

青紙詔

《晉・楚王瑋傳》有青紙詔，密詔也。説者意以青紙爲之，用藥物作書，以水浮即見，如今人挾帶文字入棘試者，於青布衣上以藥物寫文字，臨時以水沃之，其字立見也。

禄命家言

禄命家言，自周以來有之。《小雅》曰：「天之生我，我辰安在。」辰即所值歲時日月星辰五行之吉凶也。賈誼、王充輩亦皆有禄命之説，第未知其術何若耳。惟吕才者，獨著論以深絶之。至唐乃有李虚中，嘗爲侍御史，始精其術，以人之始生年月日時支干斟酌壽夭、貴賤，亦往往有驗。即今所傳子平是也。晉王導病，令戴洋推算。洋曰：「君侯本命在申，而於申上之石頭立冶，金火相爍，水火相煎，故受害。」導即移居東府，病差。不知其術與今同否？余謂星相之家自有其理，原非幻妄，第非如今之術士所能推測耳。術可不信，理可不信乎？大都十而不能得六七，不足以見造化；十而不失三四，亦不足以見造化之巧。無論星相，即醫術亦然。初學之醫，十亦能活二三人；三世之醫，十亦常失二三人。是人之生死自有定數，非醫之功，亦非醫之罪也。

司馬遷論五音

宫、商、角、徵、羽五音，乃天地間自然相生者。司馬遷以宫生角，角生羽，羽生商，商生徵，徵生羽，羽生宫，是反其所剋也，豈别有説乎？請以質之知樂者。

改　元

《道藏》中三一等經有平初、太始、元景、延和、赤明、延康、康泰、龍漢、開皇、無極等號，皆云上境年號，然則上境亦改元耶？何怪乎漢武帝！可發一笑。

州里難行

孔子曰：「言忠信，行篤敬，雖蠻貊之邦行矣；言不忠信，行不篤敬，雖州里行乎哉！」余謂行於蠻貊者易，行於州里者難也。何者？州里得之於常，蠻貊得之於蹔。蹔者易持，而常者難勉也。士固有爲天下之通貴而不見齒於州里者，可不慎哉！

漢昭烈顧命

五帝官天下，三王家天下，法雖不同，但毫無私意區别其間，無非欲乂安天下而已。漢昭烈與諸葛孔明經營西蜀，以窺中原，無非爲興復劉氏耳。昭烈既崩，其志未遂。嗣子劉禪昏愚暗弱，雖有孔明，亦未如何。昭烈生前豈不知之，晏駕顧命，宜曰：「嗣子可輔，輔之；如不可輔，則擇劉氏之賢者立之。」孔明，王佐之才，必有處此，而劉氏興矣。夫天下者，高祖之天下也，凡高祖之子孫皆得而有之，何必拘拘於子禪乃爲漢祀不絶耶！昭烈智不及此，乃曰「如不可輔，卿可自取」，是置孔明於嫌疑之地。欲變而擇賢，則天下將以昭烈之言而疑己；欲不變，則劉禪又不足與有爲，此孔明所以不能混一天下，而漢祀遂斬也。宋張文潛有詩「永安受命堪垂涕，手挈庸兒是天意」，足爲孔明置詞矣。

更漏

曆法，自古重事。至國朝卒無士人能究心者，民間更漏晷刻毫不可據。昔張忠定公數領郡事，其寢室中必張燈炷香，通夕宴坐。郡樓更鼓必令分明，倘一刻差誤，必詰之守籤者，治以罪。今郡邑守令，且有不知銅壺滴漏爲何物者，又安望其如忠定之更漏分明也。

學官

國朝設官分職，祇具空名，惟郡邑學官爲甚。不肖者無論已，即翩翩文采者，亦僅以筆札給事上人爲要務，至於作養人才、講解經籍二事，則毫不經心。余憶宋政和中，有建言者見任教授不得爲人撰簡牘、樂語之類，庶日力得餘辦舉業事，以副陛下責任師儒之意。故鄒公浩嘗爲潁昌府教授，范純仁爲守，嘗加禮重。一日，純仁欲鄒公爲撰樂語，鄒辭不爲。范曰：「翰林學士亦作此。」鄒曰：「學士則可，教授則不可。」范改容謝焉。余故表而出之，以告廣厲學官者。

邵堯夫不娶

邵堯夫四十餘歲始娶，至四十五歲始生男，有詩曰：「我今行年四十五，生男方始爲人父。」豈其幼年斷意婚娶，至是乃念及不孝爲大耶？陳希夷常相种明逸不娶可得中壽，明逸從之，六十歲卒。古人不娶者衆矣，若明逸者，豈天欲其無後耶？

險字押韻

詩家押韻，遇險字，雖宗匠亦難藏拙，而近體押韻尤難。他且勿論，即杜少陵數押「爲」字，終不能佳。

《送王侍御往東川》「此贈怯輕爲」，《從驛至東屯》「一學楚人爲」，《同舍弟宴書齋》「書齋能爾爲」，《宴楊使君東樓》「樂任主人爲」，《贈畢曜》「顔狀老翁爲」，《偶題》「排律餘波綺麗爲」，皆足掩口。

世宗崇道教

世宗晚年專事祠禱，每有賞罰，或聽於神。歲己卯，周太常怡爲給事中，嘗疏斥時相嚴嵩、翟鑾，言甚剴切。疏中有「陛下日事禱祀，而四方水旱未銷」之語，相嵩以間入，詔廷杖，下錦衣獄。乙巳，始以箕仙言釋之。未幾，又以熊尚書浹格營箕仙臺，復逮怡。丁未，二殿災，又釋之。時京城中相傳，上實聞空中有神語當釋三人，謂御史富平楊爵、工部郎中泰和劉魁及怡，皆以言事同繫云。怡，寧國府人。

晉八伯

晉時，兖州八伯擬古八儁，阮放曰宏伯，郄鑒曰方伯，胡母輔之曰達伯，卞壺曰裓伯，蔡謨曰朗伯，阮孚曰誕伯，余知之矣。至劉綏曰季伯，羊曼曰黯伯，不得其解。時兖州又有四伯以擬四凶，張嶷之狡妄曰猾伯，羊聃之狠戾曰瑣伯，擬之於凶，彼固低首，而以江泉之能食爲穀伯也，史疇之大肥爲笨伯也，亦以凶擬之，能無反唇？

燈夕

上元張燈，《太平御覽》謂起於《史記·樂書》，曰：「漢家祀太一，以昏時祠到明。」今《史記》無其文，豈《史記》復有別本耶？宋太宗朝又不獨上元張燈，七月之中元、十月之下元亦皆張燈，故上元皆不禁夜。至淳化元年庚寅，乃詔罷中元、下元張燈，惟上元仍舊，至今因之。

蘇東坡寓惠

余嘗怪蘇東坡寓吾惠最久，《寓惠録》所載一時邂逅，止翟夫子、羅浮道士二三人，別無有交往者。其文字書畫徧遺海内，而吾惠絶無片紙隻字，豈其時未有能識公者，抑無一人足與言耶？偶讀公《答李端叔書》曰：「得罪以來，深自閉塞，扁舟草履，放浪山水間，與漁樵雜處，往往爲醉人所摧罵，輒自喜漸不爲人識，平生親友無一字見及，有書與之，亦不答，自幸庶幾免矣。」乃知當時惠人士知公者固少，即公亦且深自韜晦，知希我貴，豈不信哉！

韓昌黎登華山

李肇《國史補》載韓昌黎嘗登華岳之巔，顧眎險絶，恐不可復下，遂發狂痛哭，因縋遺書爲訣，且譏好奇者之過。華陰令百計取之，乃能下。宋沈顔爲之説，謂昌黎憤世之趣榮貪位者，若陟懸崖險不知止，故身危而踣蹶，不知税駕之所。世儒亦信從之。余謂不然，趣榮貪位，孰有過於昌黎者，其登華巔而痛哭也，誠有怖死之心乎？及讀《隱居詩話》引昌黎《贈張籍詩》：「洛邑復休告，華山窮絶陘。倚岩睨海浪，引袖拂天星。日駕此回轄，金天所司刑。泉紳拖修白，石劍攢高青。磴蘚澾拳跼，梯飇颭伶俜。悔狂已咋舌，垂誡仍鑽銘。」則沈顔之妄説益較著矣。

戴逵阮瞻

晉戴逵善鼓琴，武陵王晞使人召之，對使破琴，曰：「戴安道不爲王門伶人。」阮瞻亦善鼓琴，人聞其能，多往求聽，不問貴賤長幼皆爲彈之，神氣沖和，不知向人所在。内兄潘岳每令鼓琴，終日達夜，無忤色。人皆知安道之高抗，而不知千里之以恬淡爲高抗也。

邊韶

漢邊韶嘗爲老子碑銘，謂孔子學禮於老子，時年十有七歲。按：《世家》孔子年十七，孟釐子病，誡其子必師孔子，故孟懿子與南宫敬叔往學焉。其次又云敬叔與孔子適周見老子，詳史之所記，皆非一年中事，況孟釐子卒在魯昭公二十四年，孔子蓋年三十有五矣。韶不詳究史家之旨，以大聖人事昭著耳目者，而亦誤用之，何貴乎五經笥也。且韶以老子與子西同傳，深詆班氏之失，至於與韓非同傳，何爲置而不論？韶即爲五經笥，是亦未聞道者。

孫叔敖

楚孫叔敖《左傳》載爲蒍敖，又爲蒍艾獵，杜預稱爲叔敖，他書但云孫叔敖，未知其名爲饒也。《隸釋》録《楚相孫叔敖碑》，乃知名饒。古之難博如此。又云高㮰改幣，乃敖革故易俗之事，乘馬三年，不别牝牡，皆可以補左氏之闕。

寒食

寒食節，《荆楚歲時記》云：「去冬至節一百五日，即有疾風甚雨，謂之寒食。」據曆當是春月清明前二日。或謂冬至至清明凡七氣，至寒食止百三日，殊不知曆家以餘分演之也。元微之《連昌宫詞》有云：「初過寒食一百六，特勑宫中許然燭。」一百六又在清明前、寒食後。古人寒食之節，初無定時，後人既合爲一，而又指爲三月之三日，恐不可信。民間值此節，斷火凡三日，齊人呼爲冷節，又曰熟食，又曰禁煙。又按：桓譚《新論》：「太原郡民以隆冬禁煙五日。」《後漢·周舉傳》：太原士民每冬中輒以介子推焚死之故，一月寒食，莫敢舉煙。舉爲并州刺史，以盛冬去火，損殘民命，禁止之，俗遂頓革。則此節又在冬仲，非春月矣。禁火三日，或五日，或一月，其風俗之不同乎？《初學記》所載《琴操注》又謂介子推以五月五日焚死，晉文公哀之，每值是日，禁民間不得舉火。則寒食之説又非冬仲。是寒食之節，其説有三也。及考《左傳》、《史記》所紀介子推事，絶無焚死之文，惟《晉乘》及漢劉向《新序》乃云子推隱於介山，文公求之不得，遂以火焚其山，子推堅不出，因以焚死。余按：《晉乘》文字大非春秋時口吻，其爲僞書無疑。蓋傅會劉向者，不足據。然亦未嘗明言春月、冬仲及五月也，《先賢傳》、《鄴中記》皆因之。余謂介子推事當以《左傳》、《史記》爲信，焚死之説甚爲謬妄。晉文公好賢下士，豈有賢人不肯出，遂以火焚之，其説不攻自破。則寒食禁火，自別有説，非爲子推，斷可識也。余偶閲《周禮》，司烜氏仲春以木鐸徇火禁於國中，注云：「爲季春將出火也。」今寒食準節氣，是仲春之末，清明是三月之初，禁火當是周制。但司烜氏徇火禁乃出火，非禁火，豈欲出新火，故亦禁舊火乎？或云龍星，木之位也，春屬東方，心爲大火，懼火盛，故禁火，是以寒食有龍忌之禁，其説益明矣。

上墓設烏飯

寒食節上墓，其制亦未見于古。獨鄭正則《祠享儀》曰「孔子許望墓以時祭祀」，未嘗明言以寒食節，則四時皆可上墓矣。《五代史帝紀》云「寒食野祭，焚紙錢」，亦止言野祭，又未嘗明言上墓。唯唐開元勅上墓以寒食日同拜掃禮，此後世寒食上墓之所由起也。《夢華録》乃云「十月朔，都城士庶皆出城饗墓」，又非以寒食也，此則風俗之不同耳。余里中上墓皆以清明、重陽二節，獨清明日上墓，必以烏飯。其法先以青礬漬米，搗楓樹葉染之，亦非無謂。《零陵總記》：「居人遇寒食節，以楊桐葉、細冬青染飯，色青而有光，食之資陽氣，道家謂之青精乾石䭀飯。」楊羲《與許遠遊書》「故服䭀」，不即此物？陶隱居《登真訣》亦云太祖真人有此法。又法：南天竹葉煮汁漬飯名曰黑飯，故杜甫云「豈無青精飯，使我顔色好」，鄭畋詩「圓明青䭀飯，光潤碧霞漿」。余里中烏飯即此法也。第古人雖有此飯，非以上墓。上墓設烏飯，豈亦薦其時食之意乎？

生兒詩

蘇東坡《洗兒詩》：「人皆養子望聰明，我被聰明誤一生。惟願生兒愚且魯，無災無難至公卿。」朱晦菴生，其父松於晬日亦作詩：「行年已合識頭顱，舊學屠龍意轉疎。有子添丁助征戍，肯令辛苦更冠儒。」二公皆一意也。然士大夫生子而遇此時，作此詩，亦世道之不幸乎？

以行呼

朋友相呼以行數，唐宋以來皆然。其俗起於北齊，張稷爲豫章王主簿，與劉繪俱見禮接，未嘗呼名，呼爲劉四、張五，前此未聞也。第此等相呼，雖雅亦近於狎。黄山谷嘗避暑於李氏園亭，題壁云：「荷舞竹風宜永日，冰壺凉簟不能迴。題詩未有驚人句，會喚謫仙蘇二來。」秦少游見之，言於坡公，曰：「以先生爲蘇二，大似相薄。」公亦改容。然坡公讀山谷《煎茶詩》，曰：「黄九怎得不窮。」足以相當矣。

社　稷

《禮記》曰：共工氏之霸九州也，有子后土，能平九州，故祀以爲社。《左傳》曰：共工氏有子句龍，能平水土，故祀以爲社。句龍即后土也。厲山氏之子柱，能植五穀，故祀以爲稷。是后土乃社之神，柱乃稷之神矣。至蔡邕《獨斷》則曰：周棄生而能植百穀，稷乃百穀之長，因以稷名其神。此説爲是。蓋稷之神乃空名，非實指棄與柱；社之神亦空名，非實指后土也。又有祖社之社。《冬官》左祖，右社。《風俗通》曰：共工氏有子脩，好遠遊，没而祀爲社，故出行者皆祀之。《説文》云「祈清道神謂之社」。晉稽含《社賦序》有「事於遠者，吉凶偕名」，是共工氏有二子，皆爲社神矣。又有社日之社，亦實無定神，歷代皆以國家所乘五行之運爲之，亦無定日。杜工部《社日詩》用伏日事，姚令威《叢話》以爲誤，不知《史記・年表》秦德公始年用伏日祠社。伏與社乃同日也，至漢乃有春秋二社，始與伏分耳。

二　氏

佛藏惟《四十二章經》其來甚古，第未知果出于佛否？《維摩經》亦南北朝作，如小乘諸品，皆西僧爲之。道經獨《道德》、《南華》、《列禦寇》、《丹經》、《黄庭》、《陰符》諸篇尚可觀，其餘皆僞書也。余嘗欲取二氏書删之，佛藏擬所存者不能十之一，道藏擬所存者不能百之一，未審功力能及此否？

太監雲奇

丞相胡惟庸之變，首發其謀者贈司禮監太監雲奇也。奇，南海人。時奇以内使守西華門，去庸居第甚邇，庸謀逆，詭稱所居井湧醴泉，邀上幸，而伏甲以待。奇偵得之，走當蹕道，勒上馬，言狀氣鬱，舌駃不能宣。上恚甚，左右撾箠亂下，奇臂折，猶奮指逆臣第。上悟，登西皇城樓瞰逆臣第中，皆伏甲。因亟發禁兵捕之，而後召奇，則氣絶矣。詔贈奇内官監少監，賜葬太平門北中山王墓之左，有司歲時致祭。嘉靖中，守備高隆、王萱等復上其事，請于朝，特贈司禮監太監，加諭祭，少司空何孟春爲文紀之墓。及考國史，則謂惟庸以他事多不軌，故被戮，不及醴泉出邀上臨視事。又以醴泉出爲故里第石筍發，井湧數尺，非丞相府也。雲奇發逆謀功甚大，而史亦佚其名，何也？

女兒把子

今江南女兒未破瓜者額前髮縛一把子，即張子野詞「垂螺近額」，晏小山詞「雙螺未學同心結」。垂螺、雙螺即把子也。

諸葛入蜀

諸葛孔明棄荆州入蜀，蘇老泉甚詆其非，世儒多是之，而不知其説本元魏崔浩之對毛修也，詳毛修之傳。

疑馮宿代韓昌黎筆

韓昌黎文起八代之衰，當時委未有能識之者，其《論佛骨疏》，宰執疑其同幕馮宿代筆，亦是怪事。宿，浙之東陽人，貞元中進士，歷刑、工二部侍郎，有《格後勑》三十卷行于世。弟定、審、寬皆進士，俱以文名。

觀日出入

周穆王駕八駿，欲西觀日所入處；秦始皇作石橋海上，欲東觀日所出處，英主好奇類如此。

東漢碑文

東漢文字碑碣之類多有不成文理者，如《咸陽令唐扶頌》云：「造立授堂，四遠童冠，摳衣受業，著録千人。」夫以講堂爲授堂，又「四遠童冠」爲句，其下云「五六六七，訓導若神」。五六者，用「冠者五六人」；又六七者，用「童子六七人」之文也，此何等語。

篆　體

篆書以清圓勁拔爲上，秦李斯真蹟不可復覩，唐李陽冰乃斯之復出也。自江南徐鼎臣鉉，始變而爲肥，已遠於古，然猶不失古意。至元趙子昂，素愛鼎臣書，所作大小篆多類鼎臣，由是學者翕然效之，甚至彭亨濁俗如腯豕，然不知子昂天資高邁，所書自過于人。俗子輩塵胞陋質，欲逐其迹，乃畫虎不成反類狗耳。

獸名窮奇

《神異經》，後人僞書也。漢東方朔詼諧，好言奇怪，故此經托名朔耳。且其文甚陋而野，非朔之筆明甚。第所載有獸曰窮奇者，言見忠信之人則嚙而食之，見奸邪之人則擒禽獸而飼之，此亦非苟作者，豈有激而云然耶？《山海經》有云：「邽山有獸，狀如牛，蝟毛，曰窮奇，音如嘷狗，是食人。」郭璞注：「或云似虎，一名神狗。」則實有此獸，未知同否？

繡襦傳奇

今俗演《繡襦傳奇》，鄭元和殺駿馬奉妓人李亞仙，此乃元翰林學士王元鼎與妓人順時秀事也。

古裝書法

今祕閣中所藏宋板諸書，皆如今制鄉會進呈試録，謂之蝴蝶裝。其糊經數百年不脱落，不知其糊法何似？偶閲王古心《筆録》，有老僧永光相遇，古心問僧前代藏經接縫如線，日久不脱，何也？光云：「古法用楮樹汁、飛麪、白芨末三物調和如糊，以之粘紙，永不脱落，堅如膠漆。」宋世裝書豈即此法耶？

秦始皇年歲

秦始皇十三歲嗣位，歲在甲寅，是年漢高祖始生。始皇元年爲乙卯，至二十六年庚辰乃自立爲皇帝，三十八年辛卯始崩，是在位三十七年，而稱皇帝止十二年也。

婦人不宜稱姬

古者婦人不稱名，出嫁之後，即以父母之姓爲名，如《春秋》王姬、齊姜、宋子之類是也。故姬者，周之姓也。如齊稱姜，宋稱子耳。後世字學不明，以姬字爲女人通稱，已誤。漢有薄姬、栗姬、憲姬，是又以姬爲妾矣。蔡京當國，改公主爲帝姬，更足掩口。時公主乃趙姓，既於姬字不合，豈以帝之女可爲人之妾耶？宋人精于考究，而當時卒無一人駁正者，則爲京之權所怵也。

五　刑

《古今攷》謂「五刑唐虞以來有之，未知上古起在何時？漢文帝始除肉刑，刻顙、截鼻、刖足、割勢，四者皆肉刑也。」余閲《黄帝鍼經》，帝與岐伯論人不生鬚者，有宦不生鬚之語，則黄帝時已有宦者，是黄帝時即有宫刑也。余意鴻荒之世，禮樂刑罰雖不能如後世之詳悉，第其大概在黄帝時皆已創立，五刑其或起于黄帝乎？但《白虎通》又云：「五帝畫象者，其服象五刑也。犯墨者幪巾，犯劓者赭其衣，犯髕者以其墨幪其髕處而畫之，犯宫者履屝，犯大辟者布衣無領。」又按：《慎子》云「以畫跪當墨，草纓當劓，履屝當刖，艾蹕當宫」，是以《尚書》曰「五刑有服」，故凡斬人體，鑿其衍形曰刑；畫衣冠，異章服曰戮。則黄帝時又似五刑未設，何以有宦者？請再考之。

張德釗書石本孝經

《昭德讀書志》所録石經皆有書人姓字，獨《孝經》云不知所書何人。余閲他書，乃知《孝經》張德釗書也。德釗曾守簡州平泉縣令，賜緋魚袋。

生而有文在手

魯公子季友生而有文在手，曰「友」，因以命之。初疑其妄，及閲唐《元和姓纂》：「堯之長子監明死而子生，有文在手，曰劉，故封於劉。」❶「周平王少子生而有文在手，曰武，遂爲武氏。」又南氏，《姓源韻譜》：「盤

❶《元和姓纂》卷五：「帝堯陶唐之後受封於劉，裔孫事夏后」。未記「監明死」及「有文在手」諸事。《路史》卷二十七：「堯之子十，其長考監明先死而不得立。……監明之嗣式封于劉，其後有劉累，事存《漢紀》。」又注云：「《唐表》云：陶唐子孫，生子有文在手，曰劉累。《左傳》：有文在手曰劉。」

庚妃姜氏夢龍入懷，孕十二月而生，手把南字，長封荆州，號南赤龍。」又鮮于氏，《血脈譜》：「子仲之子曰文，生而有文在手，左曰魚，右曰羊，及長，封漁陽，爲燕附庸。」又閻氏，《唐表》：「周昭王少子生而有文在手，曰閻，康王封於閻城。」又薛氏，《血脈譜》：「文王曹夫人見赤龍，交而孕十二月生子，手把薛字，因以爲氏。」此皆譜牒家之言，多不足信。然季友之説，世亦有之，非妄也。

戒蠟

僧家言僧臘者，猶言年歲也。又言戒蠟者，臘當作蠟。余偶閲一内典，西方結夏時以蠟爲人，其輕重相同。解夏之後，以蠟人爲驗，輕重不差，則爲念定而無妄想；否則血氣耗散，必輕於蠟人，故謂之曰戒蠟，非年歲之臘也。

受財産

李藥師受張仲堅家産，張建封受裴尚書資財，既居之而不辭。入室之初，婢僕有不用命者即鞭撻之，英雄行事大略相同。

玉牒

宋朝玉牒，凡一朝大政事、大號令、大更革、大拜罷皆載焉。仙源積慶，乃牒中之一欵耳，詳《雲莊四六》所載《進玉牒表》。自首至尾，皆世系與朝政相對。今制玉牒乃止載宗室世系，不及朝政也。

火葬

姑蘇火葬，雖屢經禁戒，恬不爲止，蓋其俗自古已然矣。元祐中，范純仁嘗帥太原，河東地狹，民惜地，不葬其親。純仁收無主燼骨，别男女，異穴以葬。又檄諸郡倣此，仍自作記數百言，曲折委致，以規變薄俗，而俗始稍變。第姑蘇純仁之鄉也，能變太原而不能變其鄉，何耶？

蓴鱸

張季鷹見秋風起輒思蓴鱸，世皆知其有初服之想而已。余閲《本草》：「蓴鱸同羹，可以下氣止嘔」，豈季鷹在當時意氣抑欝，遇事嘔逆，故作此念耶？

牛頭阿旁

古帝王多有云蛇身牛首者，非真身如蛇、首如牛也。今相家者常稱人爲鶴形、虎形，其人豈真如鶴、如虎哉？陶弘景乃疑佛氏所述地獄中有牛頭阿旁者爲三皇五帝，何怪誕若是？

鉅靈

鉅靈之迹，傳載所紀多在蜀中。《水經》所稱鉅靈謂河神，《漢武帝内傳》：「東都進一小人，長七寸，東方朔謂爲鉅靈，蓋名同而神異也。」

皇帝王

魏了翁謂皇、帝、王三者皆節惠易名之謚也。人主生稱皇帝自秦政始，漢高帝遂因其陋，至今不改，是生而爲謚也。故三皇、五帝、三王皆後人所謚者，第今之有天下者，不稱爲皇帝，將何稱耶？安得此老復起而詰之。

梅竹宜瘠地

梅與竹皆植物中有幽致者，然梅以古爲韻，竹以堅爲材。故肥壤植梅，雖華茂而其韻常乏，以枝榦不蒼也；肥壤植竹，雖森發而其材常脆，以枝節易蠹也。宋葉夢得善種竹，後遇王份秀才，曰：「竹在肥地雖美，不如瘠地之竹，或岩谷自生者，其質堅實，斷之如金石。以爲椽，常竹十歲一易者，此倍之。」夢得歸而驗之，果信。余於竹而悟梅不宜肥壤，又於梅與竹悟人間世之瘠者爲藥石，而肥者爲疢疾也。

藥樹監搜

元微之有詩曰：「松門待制應令遠，藥樹監搜可得知。」余初不曉監搜之義，又疑藥樹爲有誤，及閱麗元英《文昌雜録》，亦爲藥樹，豈樹有名藥者耶？抑或可爲藥之樹也？若監搜，則唐制百官入宫殿門必搜檢，而以監察御史掌之，其立位在藥樹之下，至大和元年始詔停此制云。

佛書可疑

余嘗疑今中國所行佛書，蓋經數譯而後成。因憶契丹初入中國者實名安巴堅，時李琪譔賜契丹詔乃作阿布機。後有歸自虜中，云虜人實呼爲安巴，非阿布也。身毒國在漢時譯作捐篤，其後又譯作乾篤，復名之曰乾竺，今且爲天竺矣。譯者但取語音相近，不問字義云何。設有人持中國所行五千八百卷往彼土，不知與當時雙樹下語一一契合否？

漢閏之誤

三歲一小閏，五歲一大閏，自唐虞已然。若《漢書表》及《史記》，漢末改秦曆之前，迄至高后、文帝，皆書閏九月，蓋秦之曆法不明，凡應置閏者，皆總而致之於歲末也。其亦據《左傳》所云「歸餘於終」，而誤用之者耶？

婟嫪

今世諢語宿娼客曰孤老，世多不解其語。余閱《要雅》：「游壻曰婟嫪，婟，胡故切；嫪，力到切。皆戀惜意。」因憶《史記》秦始皇母后所幸曰嫪毐者，《正義》云：「嫪，躬到反；毐，酷改反。」《索隱》云：「嫪姓，毐名。《漢書》注嫪氏出邯鄲。王邵云：賈侍中說秦始皇母與嫪毐淫，坐誅，故世人罵淫曰『嫪毐』。」《廣韻》亦云：「毐者，無行之稱也。」則非名矣。今之呼游壻爲婟嫪也，其起於毐耶？是嫪毐非姓名，而《索隱》及《漢書》似誤矣。

珠池

廉州珠池，乃海之港也。劉恂《嶺表録異記》謂海邊之中有島，島上有大池，其底與海通。豈恂之所見，别有島上之池耶？

烏寶

元高明有《烏寶傳》，曰：「寶素勢利，其富室勢人，每屈輒往，雖終身服役，弗爲厭。若窶子貧氓，即傾心願見，終不一往。尤不喜儒，雖暫相往來，亦終不能久留也。」余之不能爲烏寶主人也，固宜。

石有生長

漢《青衣尉趙孟麟羊竇道碑》，乃磨崖也，洪适《隸釋》謂此碑崖石增長，字體失真。余頗疑之，崖石豈有增長之理，或苔蘚所蝕耳。後遇李觀察開芳，爲言晉江傅公夏器祖墓有一石笋，初僅尺許，歲漸生長，至三尺餘。公遂爲南宫第一人。相墓者以此石笋爲貴徵，其族人妒忌，夜折之，遂不復長，故公位僅至員外郎。乃知洪氏之言非虚也。

子孫用祖宗樂

韓苑洛論樂，謂祖宗之樂決不可奏於子孫之廟，豈可以子孫坐于上而呈祖宗之形容哉！子孫有功德者宜別爲樂。蓋子孫之樂則可奏之祖宗之前，以慰悅祖宗之心也。此説亦近理。第樂所以象成功，子孫豈一一皆有成功者。功之未成而欲舍祖宗之樂，未知有事於廟時，用樂乎？不用樂乎？安得苑洛復起而質之。

骨董

「骨董」二字乃方言，初無定字。東坡嘗作「骨董羹」，用此二字。朱晦庵《語類》乃作「汨董」。今人作「古董」字，其義不可曉。

拾青紫

世人皆知「拾青紫如拾地芥」爲夏侯勝語，而不知「青紫」二字何所本。漢制丞相、太尉金印紫綬，御史大夫銀印青綬，皆官階之極崇者，故云「拾青紫」，謂紫綬、青綬也。顏師古注以「青紫」爲卿大夫之服，余因詳檢《史》、《漢》諸書，漢卿大夫未有服青紫者，顏師古但據當時所見爾。

種竹

種竹者必以五六月，雖烈日無害。世言五月十三日爲竹醉日，可移竹。余居田間，好種竹，不必此日，凡夏月雨天皆可種也。若杜少陵詩「西窗竹影薄，臘月更須栽」，又以冬而種竹。石林《避暑録》所載：嘗依少陵詩於臘月種竹，卒無一生者。豈地有不同耶？

持齋

宋文帝嘗謂求那跋摩曰：「弟子常欲齋戒不殺，迫以身徇於世，不獲從志。」跋摩曰：「刑不失命，役無勞民，則風雨順時，寒燠應節，百穀滋榮，桑麻菀茂。如此持齋，齋亦大矣；如此不殺，德亦衆矣。寧在闕半日之飡，全一禽之命，然後爲齋耶？」噫！今世之愚民無論已。余嘗見縉紳間有手不離念珠，口不離南無，斷葷止酒，持誦飯僧，作大功德，然而貪殺甚於盜跖者，豈未聞跋摩之語耶？

卷六

茶

古人冬則飲湯，夏則飲水，未有茶也。李文正《資暇録》謂茶始於唐，崔寧、黄伯思已辯其非。伯思嘗見北齊楊子華作《邢子才魏收勘書圖》，已有煎茶者。《南牕紀談》謂飲茶始於梁天監中，事見《洛陽伽藍記》。及閲《吴志·韋曜傳》，賜茶荈以當酒，則茶又非始於梁矣。余謂飲茶亦非始於吴也。《爾雅》曰：「檟苦茶」，郭璞註「可以爲羹飲，早采爲茶，晚采爲茗，一名荈」。則吴之前，亦以茶作飲矣，第未必如後世之日用不離也。蓋自陸羽出，茶之法始講，自吕惠卿、蔡君謨輩出，茶之法始精，而茶之利國家且藉之矣。此古人所不及詳者也。

林逋

林逋居孤山，畜一鶴，客至則童子放鶴，逋見鶴即歸，其好客如此。宋江鄰幾作《雜志》，載許洞嘲逋詩有「豪民送物伸鵞頸，好客窺門縮鼈頭」之句，蓋無根之謗也，鄰幾載之何意？李畋《聞見録》載和靖隱居，朝廷命守臣王濟訪之，逋聞之，即懷詩文求見，濟乃以文學保薦逋。及詔下，唯賜帛而已。濟曰：「草澤之士，不學稽古，不友王侯；文學之士，修詞立誠，俟時致用。今林逋兩失之矣。」夫以和靖之高隱，而猶以詩文取譏，亦不念古人「身既隱，文焉用」之語也。今之自稱山人者，又何以文爲哉！

樂府之誤

樂府本以被管絃者，今所傳古樂府詞多不可讀。沈休文曰：樂人以聲音相傳，大字是詞，細字是聲，聲詞合寫，愈傳愈訛，至今遂不得其解耳。故後人作古樂府，止用其題，不襲其意，亦不諧其調，如《朱鷺》則詠鷺之色，《艾如張》則詠射雉事，或五言，或七言，或近體，或歌謡，皆如詠物體。蓋自魏而後皆然，不特唐人也。至於可被管絃與否，不復問矣。

書簡用死罪

《侯鯖録》謂晉宋兵革之間禁書疏，非吊喪問疾不得輒行。晉人書啟多用死罪，死罪是違制令故也。余謂不然，漢董仲舒《詣丞相公孫弘記室書》已前用之矣。

張楚

陳勝自立爲王，號「張楚」。劉德曰：「若云張大楚國也。」張晏曰：「先是楚爲秦滅，今立之爲張也。」而師古從晏説。余謂兩説皆兼爲是，立楚而號曰張，猶大唐、皇宋、大明云爾。

王弼註利貞

王輔嗣註《易》「利貞者，性情也」曰：「不性其情，何能久行其正。」不性其情，言不以性制情也。句法甚古，而理亦明盡，止此四字，不知宋儒費幾多説話。

孔子責冉求

季氏伐顓臾，冉有、季路問於孔子。孔子不責由而責求，曰：「求！亡乃爾是過與？」且呼其名而責之，此正寧有盜臣意。

王道王路

《洪範》：「無有作好，遵王之道；無有作惡，遵王之路。」注疏止言「王之道爲正道，王之路爲正路」而已，道路二字未分别。蔡沉《集傳》亦未及解。新安陳氏止云「互詞叶韻耳」，抑何鹵莽也。箕子作《洪範》，其字豈輕下者。余按：《周禮・遂人》及《匠人》自遂上之經，至於川上之路，凡五。又有經涂、環涂、野涂，大小相異，而道容二軌，路容三軌，是道小而路大也。則作好之害小，作惡之害大耳。

夷齊不食周粟

伯夷、叔齊不食周粟，餓於首陽之下。蓋不食周之禄，非絶粒不食也。古人禄皆以粟，如原思爲宰，與之粟五秉是也。時夷齊特不欲爲周之臣，故辭其禄耳。若自耕之粟，未嘗不食也。餓而采薇者，粟或不足，有時采薇以充之，非止食一薇也。周土之毛，即所耕之粟亦毛也。程伊川之説得之，特未發明耳。《三秦記》謂夷齊食薇三年，顔色不變，得無誕乎？宋石曼卿謂夷齊不死於周之土，而死於蒲阪。以蒲阪爲堯舜揖遜之區，蓋有深意焉。第首陽之山散見各郡國，諸家紛紛，未有的據。夷齊之死，或在首陽，或在蒲阪，宜再詳之。

獬豸

獬豸性忠，能觸不直，咋不正，見於往籍，不一而足。宋羅泌不以爲然，因引齊莊公有臣曰王國卑，與東里徼訟，三年不決，乃令二人共一羊，盟於社，二子相從刲羊，以血灑社。讀王國卑之詞已竟，東里詞未半，羊起觸之，是能觸不直者，羊之性也，不必獬豸。余因憶里中故老嘗言，有重辟甚冤，歷數官皆不能直。有一郡守，復判此獄，而郡堂一鹿闖至公案上，銜其文卷嚙碎之，左右不能奪。郡守心動，遂反前斷，而冤者得白。是鹿性亦能知曲直矣。鹿與羊，凡畜也，能知曲直，況神羊乎？能知曲直者，有羊與鹿，而況可謂無獬豸乎？天生神物，自有出於常理之外者。草木最爲無知，尚有指佞之草，而謂無獬豸者，過也。第許叔重又以獬豸似牛，與神羊之名戾，或羊類，或牛類，所不可知耳。

伯益之壽

孟子稱伯益避位於禹之子啟。詳閱諸書，伯益乃高陽氏之子，其猶子黎，逮事其父，則高陽之崩，益年不下四十矣。歷高辛、唐虞，凡二百二十載，是伯益年必二百六十歲，乃及禹之傳位於啟也。堯之諸臣，壽最高者惟彭籛、皋陶、伯益三人，而皋陶年百有六十，則前聞之彭籛，或云即彭祖，或云非是，獨未聞伯益二百六十歲之説，豈孟子别有所授耶！

堯舜被誣

堯、舜、禹以聖人爲之君，又以聖人爲之臣，禪受之際，昭著往策，豈復纖芥可疑。而《竹書紀年》謂堯之末年，德衰，爲舜所囚，故相之湯陰有囚堯城。又謂舜既囚堯，遂堰塞丹朱，使父子不相見，故鄄城西又有堰朱城。《瑣語》因之，亦曰「舜放堯於平陽」，而任昉《記》亦以朝歌有獄基，禹囚舜故地也。於是劉知幾遂疑舜廢堯，既立其子，俄又奪之。嗟嗟！堯、舜、禹而猶不免於稗官小説之妄議，又何怪乎秦火耶！余按：《竹書紀年》出於魏晉間。是時，魏晉得國，無不篡弒者，知無以自解於世，而逢君之臣僞撰此書，爲主分謗耳。《竹書》又云：「殷仲壬即位，居亳，其卿士伊尹相之。仲壬崩，太甲立，伊尹放太甲於桐，乃自立。後三年，太甲潛出自桐，殺伊尹，立其子伊陟，伊奮命，復其父之田而中分之。」夫太甲、伊尹之事，見於《尚書》、《孟子》者不可信耶？《左傳》曰：「伊尹放太甲而相之，卒無怨色。」杜預乃以《竹書》而疑伏生之《尚書》爲有昏妄，則以小人心置君子腹者，不獨劉知幾矣。

鼻天子冢

舜封象於有庳，即今湖廣永州府零陵縣，今零陵尚有有鼻墟。羅長源謂鼻、庳音相近也。余按：《幽明録》，始興有鼻天子冢、鼻天子城。今《統志》亦載之。始興屬今南雄府，而《南康記》南康縣亦有鼻天子城。先儒或謂始屬始興，今屬南康，故《統志》於南康不載鼻天子城、冢。豈南康、始興古皆爲楚地，傲象雖封於零陵，及卒，乃葬於南康耶？然南康、始興去零陵遠甚，象封於零陵矣，卒乃葬於始興耶？余竊惑之。《統志》又云：「始興鼻天子墓，昔人掘之，見銅人數十，擁笏列侍，器飾皆金銀。俄聞墓内擊鼓大呼，懼，弗敢取而返。」夫銅人狗葬，乃出於末代，非有虞之世所宜有也。此鼻天子非象明甚。羅長源作《路史》，於古今疑誤最爲詳核，而亦以始興之鼻天子爲庳象，何也？

張生夢舜

舜號泣於田，爲怨慕，孟子必有所據。《纂異記》有張生至蒲關，夢舜召之，問以所業，生曰：「孟子。」舜問：「何人也？」生誦其書，至號泣怨慕章，舜謂孟子不能善傳其意：「朕之泣怨，已不合於父母耳。號天怨慕，非朕之所行者。」想舜當時用意，亦合如此。第所述夢中舜語謂孟子爲不知而作，則孔子之語也。莫之爲而爲，莫之致而致，則又孟子語也。孔孟生於舜之後凡若干年，舜既死，而亦習孔孟語乎？其誕妄如此。羅長源《路史》亦引據之，殊足掩口。

儒釋相通

儒不可不通釋典，釋亦不可不通儒書，離之則兩傷，合之則並美。雷次宗、周續之嘗從釋慧遠受《毛詩》鄭氏箋。今世佛子多以不能習儒，乃去而爲釋，欲其闡揚玄教，烏可得哉！

九言詩

古之詩，自二言以至七言止耳。後人有八言，以《毛詩》「十月蟋蟀入我牀下」、「我不敢效我友自逸」爲八言之始，獨未有九言者。摯虞《流别論》曰：「洞酌彼行潦挹彼注兹」指爲九言。余檢諸本，皆云《洞酌之章》章五句，則非九言明甚。顔延之亦云：「詩體本無九言，將由聲度闡緩，不協金石故，仲治云然耳。」❶今之詩有九言者，其法非古也。

司馬温公之貧

今制黄册，凡糧米多者自立一户，糧少者共立一户，此宋制也。司馬温公罷相，居洛中，所買田宅猶以兄郎中公爲户，謂糧少不自立户也。以宰相田糧不能自立一户，亦足以廉頑矣。第未知其産所入若何？今蘭溪趙文懿公，自登第以至柄國十年，止守祖父遺産，瘠壤四十七畝，毫不加舊。若其後人，田宅稍饒，則皆治生所致，於公無與。余從公遊二十年，猶未悉公。及公捐館，其里人數爲余言如此。公之相業不具論，獨清修一節，則司馬之後，如公者指不多屈矣。

❶《晉書》卷五十一本傳：「摯虞字仲治。」

琴辯

《世本》曰「琴作於神農」，而《琴操》曰「作於伏羲」，《爾雅》曰「大琴謂之離」，孫叔然曰「音多變，聲流離也，此伏羲之琴也」。《樂録》曰「二十七絃」，郭璞從之，未詳其制之長短何如。《中華古今注》曰「二十五絃琴」，或曰二十絃，皆失之。而《樂録》爲正。按：伏羲以木王，三與八皆木之數也，故三其九而二十七爲之絃耳。《廣雅》曰「伏羲琴七尺二寸」，則八其九而七十二寸爲之長也，亦以木爲數也。《廣雅》曰：「琴長三尺六寸六分，五絃。」邢昺曰：「此常用之琴也。長三尺六寸六分者，象三百六十六日，五絃象五行。至文王、武王始加大絃爲君、小絃爲臣，五絃第一爲宫，其次商、角、徵、羽，二絃少宫、少商。上曰池，言其平；下曰濱，言其服；前廣後狹，象尊卑，上圓下方，法天地。」十三徽，象十二月加閏，此即今之琴也。夫以伏羲之離而名之曰大琴，乃後人名之耳。比琴爲大，故曰大琴，在伏羲時止名離，不名琴也。少宫、少商二絃始於周矣。而減二十七絃爲五絃，減七尺二寸爲三尺六寸六分，與名之爲琴也，皆在周之先也。不知始於何時，請以俟知者。

九河考

古之九河，諸書相傳者，曰馬頰，即馬篤河；曰覆釜河；曰鈎盤河；曰鬲津河；曰徒駭河，即徒河，皆在今濟南府境。而胡蘇河、簡河、潔河皆在滄州。又云徒駭河亦在滄州。惟太史河莫詳所在。自漢以來，講求九河者甚詳。漢世近古，止得其三。唐人累集積傳之語，遂得其六。歐陽忞《輿地記》又得其一。或新河而載以舊名，或一地而立爲兩説，要之皆似是而非，無所依據。至其顯然謬戾者，班固以滹沱爲徒駭，而不知滹沱與徒駭不相涉也。樂史於馬頰又以漢馬篤河當之，鄭氏求之不得其説，乃謂齊桓公塞九河爲一河。今河間弓高以東至平原鬲津，往往有其遺處。春秋緯《寶乾圖》云：「移河爲界，在齊吕，鎮閼八流以自廣。」宜蔡九峯深折其非也。夫曲防，齊桓之禁也，豈躬犯之。即霸者輕變古而重於自利，然河水可塞，而河道可盡平乎？酈元《水經》獨曰：「九河碣石，苞淪於海。」程子宗之，乃援《尚書・禹貢》「夾右碣石」之文，謂九河果從碣石入海，今兖冀之地皆無碣石，而碣石尚在海中，去岸五百餘里，卓然可見。是九河之説，當以酈元爲正。今之治河者，輒言九河故道，穿鑿求之，宜乎？支離而無益于河矣。

龍涎香

龍涎香真僞難辯。按張世南《游宦紀聞》云：「諸香龍涎最貴，廣州市直每兩不下百千，次等亦五六十千。出大食國近海傍，常有雲氣罩山間，即知有龍睡其下，或半載，或二三載，土人更相守視，俟雲散則知龍已去，往觀必得龍涎。或五七兩，或十餘兩，視所守人多寡均給之。又有説大洋海中有渦旋處，龍在其下，湧出其涎，爲太陽所爍，則成片，風漂至岸，人取之。龍涎入香，能收斂腦麝氣，雖經數十年，香味仍在。《嶺外雜記》云：龍枕石睡，涎沫浮水，積而能堅，鮫人采之，以爲至寶。新者色白，稍久則紫，甚久則黑。白者如百藥，煎而膩理。黑者亞之，如五靈脂而光澤。其氣近於臊，似浮石而輕。和香焚之，則翠烟浮空，結而不散。又一説龍出没海上，吐出涎沫，有三品：一曰汎水，二曰滲沙，三曰魚食。汎水輕浮水面，善水者伺龍出，隨而取之。滲沙乃被波浪，飄泊洲嶼，積多年風雨浸淫，氣盡滲於沙土中。魚食，乃因龍吐涎，魚競食之，復作糞散於沙磧，其氣腥穢。惟汎水者可入香用，餘二者不堪。」往歲有詔求龍涎香，而真僞莫辯。余故録之，以廣時人耳目。

漢碑

孫宗鑑《東皋雜録》言漢碑額多篆，身多隸，是矣。獨云隸多凹，篆多凸，則洪适之《隸釋》、歐陽修之《集古録》、趙明誠之《金石録》皆未及也，豈漢碑尚有遺於三公之見聞者耶？

柴桑

《山海經》所載皆山川之大者，獨未載廬山，而止載柴桑之山。郭景純曰：「柴桑山在潯陽南，與廬山相連。」余意廬山舊當名柴桑，及匡君兄弟廬之，遂稱廬山耳。今以柴桑別爲一山，而曰與廬山相連，似誤。

荔枝

荔枝之名，諸書皆未詳其義。《扶南傳》謂結實時枝弱蔕牢，不可採，皆以刀斧剶取其枝，故以爲名。余按：荔枝之樹甚高大，惟樹杪結實最多，故採者不能攀其枝，多連枝斫之耳。蔕牢之説，殊不然也。

消摩

呼藥爲消摩，詳《杜蘭香别傳》。蘭香降嫁張碩，碩問禱祀事。香曰：「消摩自可愈疾，淫祀無益。」消摩謂藥。余意消摩，按摩也。今治病者有按摩之術。

擊壤

堯民擊壤，壤以木爲之，其形如履，前廣後鋭，長尺四寸，闊三寸。將戲，先側一壤於地，遥於三四十步外，以手中壤敲之，中者爲上。今京師中兒童猶有此戲。或以桃，或以甃，其擊壤之遺乎？獨吴盛彦有《擊壤賦》，曰：「論衆戲之爲樂，獨擊壤之可娱，因風化勢，罪一殺兩。」或擊之法與今不同耳。

以糟飼馬

今京師官馬雖有芻豆之給，皆爲馬軍乾没，日惟以枯糟飼之，故雖有良馬，不一二年輒斃矣。海馬骨者最巨，水火俱不能毁，惟以糟漚之遂腐。海馬，神馬也，其骨且畏糟，今乃以糟飼凡馬乎？然京師售馬者云，以糟飼之可暴壯，惟其暴壯，是以易斃。

家　里

白樂天詩：「還家問鄉里，詎堪持作夫。」鄉里謂妻也。《南史・張彪傳》呼妻爲鄉里，「今我不忍令鄉里落他處」，今人言家里本此。

五大夫松

秦始封泰山松爲五大夫，此秦時第九爵也，非謂五株松爲五員大夫也。今人相傳爲一松封一大夫，五松五大夫，殊謬。

芍藥握椒

《毛詩・溱洧》之卒章「贈之以芍藥」，芍藥破血，女人無子當服之，故芍藥之贈爲男淫女。《東門之枌》其卒章「貽我握椒」，椒氣下達，可以壯陽，故握椒之贈爲女淫男。此先儒之俚談，然理或有之。

千文

《千字文》，《劉公嘉話》曰：「梁武帝教諸王書，令殷鐵石於王右軍書中搨一千字不重者，每字一片紙，雜碎無序。武帝謂周興嗣曰：『卿有才思，爲我韻之。』興嗣一夕編次，進上，鬢髮皆白。」《南史·文學·周興嗣傳》又云：武帝檄魏文于右軍書中書千字，令興嗣韻之。非殷鐵石也。又有一說：武帝喜鍾繇書，而秘書省所藏鍾繇真蹟甚多，獨年久漫滅散亂，乃令興嗣韻之，爲《千文》。未知孰是。今世有鍾繇《千文》，與興嗣所韻者不同，乃後人僞撰也。

蘭香

余里中製蘭香，乃以土香曰白木香者爲骨，即今牙香粗幹也。剉成片，以水漬之數日，去其木氣，然後暴烈日下，候乾燥，方採樹蘭花，與此香片用紙包裹，復暴於烈日，凡數易花而後成。樹蘭一名珍珠蘭。今俗云傳於吴商，不知此薰香法在宋已有之，自吾廣始，不始於吴也。余閲宋葉寘論香品，吾廣故有吴氏者，以薰香獲富。素馨、茉莉、柚子花皆可爲之。顧文薦《負暄録》亦云：「番禺有吴監税者，以香名。」豈即其人耶？獨未言及樹蘭花。今樹蘭花薰香盛行，而素馨、茉莉、柚花皆未有製者，試爲之，當不減樹蘭也。樹蘭獨産廣東，不見傳疏，亦不知其當作何名，以其花香似蘭草而木爲本，故曰樹蘭。其花如黄粟，盛於夏間，亦可以薰茗。

東方朔滑稽

《東方朔傳》：有幸倡郭舍人，令朔射覆，中之。武帝榜舍人，舍人不勝痛，呼號。而朔嘲焉，曰：「咄口無毛，聲謷謷，尻益高。」舍人恚曰：「朔擅詆欺天子從官，當棄市。」帝問朔何故詆之。朔曰：「與爲隱耳。口無毛，狗竇也；聲謷謷，鳥哺鷇也；尻益高，鶴俛啄也。」獲免。余謂朔之初爲此語，實以詆欺舍人，非隱語也。舍人曰幸倡，必弄臣之流，口無毛者，少而無鬚也；聲謷謷，諂佞而取給也；尻益高者，淫交之態也。非詆欺而何？然即朔之假爲隱語，其詆欺更甚。以其無毛之口爲狗竇，以其仰食於人爲鷇之仰哺，以其俯首而求食爲鶴之俛啄，皆以鳥獸之類眎之，而武帝與舍人不暇察耳。訕刺如此，非自託於滑稽，何以免於世哉。

木棉

余鄉多木棉。《集韻》「綿」作「棉」。樹高者至於十丈，其枝如桐，葉如胡桃葉而稍大，花如今之玉蘭花，紅如渥丹，一樹常數千枚。春夏放花，其紅燄燭天。花謝乃結子，剖之如酒匜。其殼堅硬，其中有絮皓白，故曰木棉，今名攀枝花。《吴録》云其絮如蠶所作者，非也。唐李琮詩：「腥味魚中墨，衣裝木上棉。」則此棉亦可作衣絮，今止充裀褥而已。方勺《泊宅編》稱海南蠻人以此紡織爲布，布上出細字、雜花卉、尤工巧，名曰吉貝布，即古白氎布也。氎音牒。第余鄉既未有以木棉爲布者，即詢之海南諸蠻，亦不知其制爲何似。或云曹溪六祖所傳信衣，曰屈眴布，即白㲲布，乃西域木棉心所織者。余嘗見之，實類褐，豈西域木棉與中土不同耶？范政敏《遯齋閒覽》又云：「林邑等國出吉貝布，木棉爲之。」不知六祖信衣即林邑等國所産否？陶九成《南村輟耕録》又云：「閩廣多種木棉，紡績爲布，名曰吉貝。松江東去五十里許曰烏泥涇，多種之。彼初無踏車、椎弓之製，率用手刮去子，線弦竹弧置案間，振掉成劑，厥功甚艱。國初，有一嫗名黄道婆者，自崖州來，乃教以紡織之具。至於錯紗配色，綜綫挈花，各有其法，以故織成被褥，帶帨文采甚巧。土人多以此致富者。嫗卒，土人祠焉。」陶九成，元人也。世代尚近，其詳著如此。余嘗以詢之松江士夫，皆不知木棉爲何樹，吉貝爲何布。豈道婆者卒，其織造之法莫傳，故土人不復種藝此樹耶！據陶説，道婆崖州人，則《泊宅編》謂海南蠻人能爲此布，其言不誣。若六祖信衣，果西域木棉心所織者，則其法當如秦洮間織褐。試倣其法，以織木棉，便可成布，不必復求道婆遺法矣。閩中呼綿花爲吉貝，其聲稍轉爲家貝，或云非木棉也。林邑所産，疑即此物。又有山吉貝，不堪作布。

朱提銀

今人多稱白金爲朱提，非是。蜀之叙州府有朱提山出銀，諸葛孔明有言：「漢嘉金，朱提銀，採之不足以自食。」若以銀爲朱提，亦可以金爲漢嘉乎？唐韓愈《贈崔立之》詩：「我有雙飲盞，其銀得朱提。」亦非以銀即爲朱提也。

蜀漢不制樂

三國時魏最强，吴次之，而蜀爲最弱者，非獨其土地蹙也，蓋人才文物亦單陋焉。即以禮樂考之，魏武帝常使魏襲制鼓吹曲十二章矣，吴孫休亦常使韋昭製鼓吹曲如魏之數矣，獨不聞蜀有製樂者，豈其時救亡之不給，而不暇及此耶？抑其人皆樂於軍旅，不能如二國之從容文物也？安得諸葛武侯起而問之。

分野

星次之説，古今卒無一定之論。費直以易卦配地域，蔡邕以節氣當國分，皇甫謐以月律配入辰次，僧一行以度爲紀，據河山以分其野。又或以古受封之日歲星所在爲主。彼亦是非，此亦一是非也。宋羅泌惟以九州之説爲正，然其説亦未能詳著於書，豈亦疑而未安耶？按《周禮·保章氏》：「以星土辯九州之地所封，封域皆有分星，以觀妖祥。」蓋以天象而占其地，特占法而已。儒者不考，星官不著，故凡言郡國之分野者，皆據成説而録之，而不暇察，察之者又不能詳明，故諸説紛紛不一耳。今諸説不具辯，姑以《周禮》注疏辯之。賈公彦謂吴越地南而星北，蓋以國屬諸初受封之日歲星所直之辰，此不得其説而附會妄語也。周封太伯於吴，夏封無繹於越，豈同歲月乎？況後之所謂吴越者，不啻百倍，何以皆屬此星耶？秦雖罷封建，後之立君長者，皆此例也，豈皆同此歲月乎？分野所屬，唯斗牛女之地極遠，《星經》謂每度計一千四百六里二十四步六寸四分有奇，似涉荒唐。但以日月薄蝕，秒忽觀之，似亦可信。然其所謂里，乃以鳥道計之，非人跡屈曲之謂也。縱一大府，能當其一二度耶？故以某地當某宿，亦姑取其概耳。今譔郡邑志乘者，即區區一縣，亦曰某分野，可笑矣。故元僧德儒於此致疑而作《分野辯》，意謂天之經星二十八宿，皆屬中國分野而無餘，中國之外，四方萬國，豈無一星分耶？夫豈先中國而後及四方萬國耶？又豈別有一天星宿耶？德儒不得其説，欲下風膝行，以扣儒衣冠而通天地人者。余嘗恨不得見許魯齋、耶律楚材諸公，一明此説。妄意以今之占法擬之，蓋天道流行，其大無外，萬象異形而同體，三才異位而同神，故以占法變化之神妙，窺天人感應之徵驗，如吴越之災祥則應於斗牛之纏度，故以斗牛而占吴越，非謂吴越正在斗牛之下也。史家天文志曰某地入某宿幾度，而所記亦有不同，蓋當時占法亦異耳。如東方蒼龍，南方鶉尾，皆以昏中而言，豈曰東者常在東耶？各家占法不同，今以《易》占明之。《易》固非瑣瑣也，而曰京房，曰鬼谷，曰軌革之類，以第幾爻爲家宅、第幾爲牛馬，第幾爲舟車，各各取驗正，猶以某星占某地，立此定格也。若德儒所論中國、萬國則同此一天星宿，而各國之占法自異，各取徵應耳。千古不決之疑，豈余之淺陋所能剖，第析千慮一得，故姑識之以俟知者。

古樂之亡

古先聖王在位皆作樂，皆有歌詩，惟至周始大備者，以一代兼數代也，故古樂自《雲門》而下，必皆有歌。先聖王亦皆世世傳習，以遺後人，故周公得而用之耳。或者謂伏羲之《立基》，神農之《下謀》，祝融之《屬續》，顓頊之《五莖》，帝嚳之《六英》，周公棄而不用者，以其過於質也。余謂不然。蓋歲久制亡，不可復考，故不得而兼用之。即周公當時，亦不能無遺憾者。有其存之，周公自當兼用，固不止監於二代矣。自漢高帝爲《武德》之舞，時雖參用《韶》舞，而更曰《文始》，《武》舞更曰《五德》。又因秦樂人以制宗廟樂詩。唐山夫人及武帝《宛馬》等篇出，而古聖人之制遂泯，故黄帝以下之詩於是併亡矣。夫公子完去陳時，虞《韶》猶不廢，即負擔流離之際，不敢失墜。漢興時，老師宿儒當有存者，於此時能訪求之，猶可存十一於千百。今秦既不師古，漢又因秦舊而不復求古，則古樂之亡，固秦之罪，漢亦不得辭其責也。惜哉！

無逸之誤

祖甲賢，武丁欲廢其兄祖庚而立之，遂逃爲民，即《無逸》稱享國三十三年者是也。先儒見《史》、《國語》皆稱祖甲淫亂，遂改《無逸》之祖甲爲太甲，不信經而信史，惑矣！

周武王十三年伐紂

后稷封邰，子不窋失其官，竄戎狄間。不窋之孫曰公劉，復修后稷之業，遷於豳。商末，大王避狄遷岐，傳至王季爲西伯。文王繼之，五十年武王立，十三年伐紂。《泰誓》云「十有三年春，大會于孟津」是也。而《書序》乃以爲十一年矣。《記》亦稱十一年伐紂，二年訪箕子，與《洪範》維十三祀之數合。世因疑《泰誓》經文爲誤，漢儒又創言文王受命九年，武王二年伐商，通十一年。歐陽公著《泰誓論》定爲即位之十一年，蓋因二年後方訪箕子也。按：經文皆稱十三，而《武成》釋箕子即伐紂之歲，不在伐紂二年之後，當以經文十三年爲正。

河清酒

蘭溪河清酒，自宋元已有名，第其時已有甘滯不快之訾，見范成大《驂鸞録》矣。

在田之義

「見龍在田」，王弼注：「龍處於地上，故曰在田。」孔穎達曰：「六位有天道、地道、人道。一二，地道也，九二是二在一上，故以在田爲在地上也。」朱考亭作《本義》，亦未明言以田爲地。余謂古先聖人立文垂訓，字字的確，今不言在地而言在田，則在田自有在田之義，非止言在地也。以前諸儒亦有推廣者，言田之耕稼利益萬物，猶若聖人利益萬物，故言在田也。此説得之。

古祀必卜

今郊祀蒸嘗之禮皆遵古制而行，獨卜其吉凶則絶不講矣。愚謂他祭皆有定期，可以不卜。至於今之祈雨、祈晴者，即雩也。原無定期，獨不可倣古而卜乎？但古人龍見即雩，乃建巳之月，不待雨暘愆期而後舉之，蓋先已爲民祈禱。至於雨暘愆期之日，又復爲民祈禱也。今建巳之月大雩，古禮亦不復行矣。

人奴

古之爲人奴者，必髡其髮，又以鐵束其頭，以爲鉗，最困辱者。故趙王郎中田叔、孟舒自髡鉗爲王家奴，隨王入長安。是以漢初有詔，自賣爲人奴婢者皆免爲庶人，意免其髡與鉗也。若如今之爲奴婢者，亦猶庶人耳，何必免而後爲庶人哉。

不庭

《左傳》「以征不庭」，言不來在王庭者。《史記》「不庭」作「不享」，《索隱》曰：「舊本《史記》作『不亭』，亭，直也。『征不亭』者，征諸侯之不直者也。」是「庭」與「亭」古皆通用者，「享」字與「亭」字相似而訛耶？今人稱日午爲亭午，即直午之義。直午，正午也。

星隕如雨

《春秋》「魯莊公七年，星隕如雨」，蓋星之隕，如雨之降耳。杜预訓「如」作「而」，訓「偕」作「俱」，言星與雨俱下，此甚不通。既星與雨俱下，又是夜間，胡從而辯其爲星隕也。且《左傳》上言「恒星不見」，以爲夜明星隕。即是本夜，既云夜明，又安得有雨乎？

燒酒汎荔枝

余鄉噉荔枝多以燒酒汎之，即製荔枝酒者，亦以燒酒。蓋自唐已然矣。白樂天有詩曰：「荔枝新熟雞冠色，燒酒初開琥珀香。欲摘一枝傾一盞，西樓無客共誰嘗。」此一証也。

龍蛇歌

《龍蛇歌》，介子推作。《吕氏春秋》、司馬《史記》述之，而劉向《新序》俱載此歌，大同小異。而《説苑》又以爲舟之僑歌，何自相矛盾若是？乃知《新序》、《説苑》未必盡出於劉向也。

爛　柯

爛柯之説，人皆知爲奕者之事。《東陽記》：「信安縣有懸室坂，晉中朝時，有民王質者，伐木至室中，見童子四人彈琴而歌，質因倚柯聽之，童子以一物如棗核與質含之，便不復饑。俄頃，童子曰『其歸』，承聲而去，斧柯爛盡。既歸，質去家已數十年矣。」一以爲觀奕，一以爲聽琴，當是一事而兩傳也。

盗跖

盗跖，人知爲柳下惠之弟，不知黄帝時先有大盗名跖者，後人因惠之弟爲惡，故以盗跖名之。今之菩薩觀世音，亦古佛有名觀世音者，因今之觀世音受記於古之觀世音，故亦以觀世音名之也。如秦越人曰扁鵲，亦軒轅時有神醫名扁鵲，秦越人能醫人，亦稱爲扁鵲耳。是柳下惠之弟及今之觀世音，皆别有名字也。

今隸

隸有古隸，有今隸。今之楷書，即今隸也。世言隸創於王次仲，又言創於程邈，皆秦世也。羅長源曰：「宋時臨淄人有得齊胡公之銅棺，前和隱起，皆爲今隸。」則隸書秦已前已有之矣。《水經注》亦云隸自出古，非始於秦。

藥箭

兩粤溪洞之蠻，以毒藥傅弩矢射人者，俗語曰「綿藥」。余初不解其義，及讀揚子《方言》，凡飲藥、傅藥而毒，東齊海岱之間謂之眠，乃知「綿藥」當作「眠藥」也。

弱翰

揚子雲《答劉歆書》：「雄嘗把三寸弱翰筆，賫白素三尺，問異語，此作《方言》也。」余嘗疑既稱弱翰，又稱筆，是筆有名弱翰者。因悟今京師中寒沍，南來之筆多敗。京師有名水筆者，掾史家多用之。其毫甚弱，蘸一墨即可書數行。攜之出，第須飽墨，不必復蘸。子雲作《方言》時，正攜此筆以行，有得輒書，不復蘸墨者，即今水筆也。

馬汗血

嘗言汗血之馬，不知者謂出汗皆血。偶閱漢明帝《報東平王蒼書》「并遺宛馬一匹」，中言「血從前髆上小孔中出」，因言武帝天馬霑赤汗，親見其然。余乃悟凡血盛者筋力必强壯，善馬愈走而性愈躁疾，氣血愈怒張，必至横溢，故此所遺馬，血從前髆小孔中出。則汗血之馬，其血亦有從他出者，非謂遍體皆汗血也。

水利

五行之用，皆以利民者。然金、火、木、土皆不言利，惟水獨言利者，何也？《易》以利爲四德之一，凡卦之象川者必言「利涉」，《書》陳六府始于水，而三事亦稱「利用」，水之利大矣哉！

鱷魚

潮有鱷魚之害，世皆知爲韓昌黎所除，不知昌黎之後，其害尚存。至宋咸平中，通判陳堯佐始計捕而獲之，鳴鼓于市，以文告于神，而戮焉。其害始永絶。

吴復古

揭陽吴復古每論出世法，以長生不死爲餘事，煉氣服食爲土苴。蘇東坡居惠時，嘗問以養生，復古以安與和答之。東坡南遷，往見之，無一言及得喪事，獨曰：「邯鄲之夢猶足以破妄而歸真，今子目見而身履之，亦可以少悟矣。」若復古者蓋有道之士哉。

漢劉熊碑

唐王建《題劉熊碑》有曰：「蒼苔滿字土埋龜，風雨消磨絶妙詞。不向圖經中舊見，無人知是蔡邕碑。」宋蘇邁書胡戢之語，謂此碑與劉文饒同，建詩爲不誣。余謂此碑固漢隸最佳者，然非中郎詞也。且其文有云「七葉勃然而興，❶咸居今而好古」，其詩則曰「有父子然後有君臣」，此何等語，而謂之絶妙詞乎？既非中郎之詞，又安得云中郎之筆？蓋東漢諸碑，流俗多以爲中郎筆，猶王子敬好書《洛神賦》，故世一有《洛神賦》，輒以爲子敬書耳。

夷齊考

《論語正義》引《春秋少陽篇》：「伯夷姓墨，名允，字公信。叔齊名致，或曰智，字公達。夷齊者，謚也。伯叔者，少長之稱也。」《少陽篇》不知何人所著，其書已亡。一云：「父名初，字子朝，或曰即殷湯三月丙寅日所封者。孤竹，地名，産孤生之竹，可作管，孤或作觚。」《地道記》：「在肥如南二十里，秦爲離支縣，漢爲令支。」春秋時齊桓公嘗至其地，今山海關北十里有孤竹君之墓在焉。《姓纂》：「墨氏即墨台氏，墨音眉，孤竹君之後。」鄭樵亦從其説，遂以孤竹君爲姓墨名台。余按：《國名記》：「墨台即禹之師墨，一曰默怡。怡音台，炎帝之後，姜姓國也。」則墨台又孤竹之先矣。《虞書》「伯夷降典析民」，注疏云「姜姓」。不知即此墨台氏否？則孤竹君之子，伯夷也。《少陽》、《姓纂》、鄭樵皆誤矣。《山海經》又有「伯夷父者生西岳」，爲氐羌所自出。郭璞注：「伯夷父，顓頊師。」亦不知與墨台氏同否？是古今名伯夷者凡四，世代綿邈，諸説混淆，竟莫可考，而以伯夷爲姓墨名台，余不敢安也。《孔叢子》注：「孤竹君又有子名伯遼」，周曇《詠史詩》注：「伯當作仲，孤竹君之次子也。」是孤竹君有三子，遼既是名，則夷齊又似名而非謚矣。近有陳繼儒者，

❶「葉」，《漢酸棗令劉熊碑》作「業」。

宏博士也，譔《逸民史》行於世，顧不能詳夷齊名氏。夫尚論其人而不知其名氏，可乎？抑亦有疑而闕乎？故詳著之以補其闕。

孔子姓氏

孔子，宋人，宋襄公十一代孫也。本姓子氏。古者君之同姓，有五服親盡者，必賜別姓，以爲公族。故襄公有五世孫曰父嘉者，賜姓孔氏，是以不復姓子。而孔氏之姓，實出於此。父嘉，於孔子爲六世祖。父嘉之父即正考父，父嘉之孫曰孔防叔，乃自宋奔魯，不仕。至其孫叔梁紇，始仕於魯，受采於郰。古者必貴而後別爲氏，故叔梁紇得以王父之字爲氏。其氏曰叔者，孔防叔之叔也。第叔梁紇時，諸大夫皆世官，而孔子不復世父之官，此既不可曉；且貴而賜氏，子孫不復改者，孔子又不以父之氏爲氏，乃復以孔爲氏，此尤不可曉也。余按：孔字从子，从乙。子者，商之所以封也；乙者，玄鳥也。契之母吞玄鳥卵而生契，爲商之鼻祖。賜姓孔者，所以紹祥玄鳥也。今字書皆以孔爲嘉美之稱，以乙之生子爲嘉美，故鄭子孔名嘉，是孔父嘉亦若因字爲氏者，其説終屬强解。古者賜氏，或以地，或以官，或以謚，未聞有因其人之字即以其字之義賜爲姓者。蓋後人因父嘉姓孔，子孔名嘉，故遂以孔爲嘉美義耳。

癰疽瘠環

萬章謂：「孔子於衛主癰疽，於齊主侍人瘠環。」趙岐以癰疽爲癰疽之醫，瘠環者，瘠姓，環名也。孔穎達曰：「未詳其人，但以經文詳之，亦誠然也。」朱考亭亦從其說。劉向《説苑》以癰疽爲雍雎。余按：古文及諸字書癰雍、疽雎原不相通，如向之説是雍姓雎名，非癰疽之醫，而趙岐誤矣。至於以瘠爲姓，其説更誤。余按：《姓譜》諸書有姓痛者，有姓疾者，瘠之姓绝無，岐何所據以爲姓耶？余憶《左傳》有曰巫匠，因其匠而名之，非巫之名與姓也。瘠環者，名或謂環，其人瘠弱，故呼爲瘠環，如今人呼長者爲長某，小者爲小某之類是也。朱考亭注經亦傳訛如此。

王荆公不知詩

「池塘生春草，園柳變鳴禽。」靈運猝以景遇備以成章，故常自稱此語得之神助。客有以此問王荆公，不知此詩何以得名於後世，何以得罪於當時。荆公曰：「池塘生春草，言王澤竭也；園柳變鳴禽，言物候變也。」當時以此服荆公之博，殊足一笑。以此論詩，則從古稱詩者何往而不得罪？荆公非惟不知靈運，亦不知詩矣。

精舍

「精舍」二字始見於《後漢・包咸傳》：咸往東海，立精舍教授，是爲儒者設也。《姜肱傳》「盗就清廬求見」，注「清廬即精舍也」。晉孝武帝奉佛，立静舍於内殿，引沙門居之，是佛家所居當名静舍。惟吾儒乃得名精舍及清廬耳。《三國志》注：《江表傳》于吉來吴，立精舍，燒香讀道書，製作符水療病，則道家亦稱精舍矣。

老人子無影

老人子無影，説者謂子之腎囊下筋謂之影，不知何所據。《朝野僉載》：柳州曹太年八十五，少妻生子，日中無影。《南史》：張元始年九十七，生子無影。丙吉斷老人生子之獄，置羣兒日中，獨老人子無影，遂以决之。其説不虚，則影非腎囊下筋，明甚。第今七八十老翁生子，其子於日中未嘗無影，豈皆非真骨血耶？一笑一笑。

卷七

纂修恩賞

今制有經筵頭、修書尾之説，謂經筵初開，在事者俱被恩賞，若繼進者不與也；修書之初無恩賞，書成進御，恩賞方行。然每修一書，常至十餘年始能完進，其中雖有纂修之勞，而先或物故及遷别官者，皆不追叙，惟據進書時見在諸臣恩賞及之而已。宋元祐間，祕書丞劉恕與修《資治通鑑》，及書成而恕先卒，恩賞亦不追叙。祕書少監劉攽等上言，乞依黄鑑、梅堯臣例，官其一子，則特典也。今當事者能援劉恕故事，建白行之，亦右文之一快乎！

看畫時知孤寒

宋文潞公當國時，有某甲官人者收得一名畫，如李成山水之類，某乙官人借去，模一本，送與文潞公。一日出示衆賓，某甲偶在坐，一見而笑曰：「得非某乙所獻乎？」潞公驚曰：「何以知之？」某甲曰：「真本乃某家所藏，數日前某乙嘗借去，恐其模一本以獻耳。」潞公驚甚曰：「不知可以借來一觀乎？」某甲曰：

作聲而退。明日有問之者，某甲嘆曰：「某於昨日論畫時方知此身孤寒。」此話柄古今同之，不足訝也。

驢牽船

北地凡百可以代人力者皆用騾驢，余嘗欲以驢牽船，然世未有見者。偶閲元宋正獻公集，有《驢牽船賦》，則在濁漳，非北地也。正獻，廣陽人，名本，字誠夫。

醴

魯元王爲穆生設醴。《説文》：一宿熟曰醴。今人罕得其法。元宋正獻集有《雞鳴酒賦》，序曰：將陵李懷德甫家善釀一宿酒，法以米三升，用水以椀計者倍，乃粥之，入麴八兩，酵半，麴以飴爲，酵殺四之一，加麥蘖少許和之適宜，造於燈時，比曉熟矣。味甘且醇，劇飲不醉，豈即醴耶！

龍無髓

龍無髓，若有髓者，蛟也。元時有善墨，名黑龍髓，謬甚。

不信夷齊扣馬

夷齊扣馬事，千古未有致疑者，王安石獨不信，有詩云：「孟軻勸伐燕，伊尹干説亳。扣馬觸兵鋒，食牛要禄爵。少知羞不爲，況彼皆犖卓。史官蔽多聞，自古喜穿鑿。」此亦一説也。

穎師彈琴詩

韓昌黎《聽穎師彈琴》詩，歐陽文忠以語蘇東坡，謂爲琵琶語。而吴僧海者，以善琴名，又謂此詩皆指下絲聲妙處，惟琴爲然也，若琵琶則格上音，豈能如此？而謂文忠未得琴趣，故妄爲譏評耳。余有亡妾善琴，亦善琵琶，嘗細按之，乃知文忠之言非謬，而僧海非精于琴也。琴乃雅樂，音主和平，若如昌黎詩，兒女相語，忽變而戰士赴敵，又如柳絮輕浮、百鳥喧啾，上不分寸，失輒千丈，此等音調，乃躁急之甚，豈琴音所宜有乎？至於結句淚滂滿衣，冰炭置腸，亦惟聽琵琶者或然。琴音和平，即能感人，亦不宜令人之至於悲而傷也。故據此詩，昌黎固非知音者，即穎師亦非善琴矣。

齋醮

齋與醮義異而事同，羽衣家鮮能辯之。《靈寶大法》引《廣成》曰：「醮者，祭之别名也。牲牷血食謂之祭，蔬果精脩謂之醮。河圖經品，三洞之中。凡有二十四等，醮與齋法相類，并諸雜醮法，凡五十六門，以太上爲主，北斗爲宗。是三洞既有二十七等之齋，復有四十二等之醮也。後世乃謂靈寶立齋，正一有醮，乃於齋後散壇，改正一銜，易正一服，而後設醮，謬矣。夫醮，三洞皆有之，況散壇之醮，乃齋事告終，酬謝真靈耳。豈宜改銜易服，别作一式乎？」

婦人在軍中

自古出師未有婦人偕行者，故杜工部有「婦人在軍中，兵氣恐不揚」之句。庾子山《奉報趙王出師在道賜詩》之作，乃云：「錦車同建節，魚軒異泊營。軍中女子氣，塞外夫人城。」是趙王宅眷皆在軍中矣。

磁　器

《宣和格古論》古人稱磁器皆曰某窑器，某窑器不稱磁也，惟河南彰德府磁州窑器乃稱磁耳。今不問何窑所製，而凡瓦器俱稱磁，誤矣。

視草之義

古人稱視草者，謂視天子所草也。古者詔令多天子自爲之，特令詞臣立於其側，以視所草何如耳，故漢武帝詔淮南王，令司馬相如視草，非令相如代筆也。今典制誥者，皆代天子筆，非視草之義而稱視草，不亦謬乎？

眼鏡

閩廣之間有製眼鏡者，老人目翳，以懸目中，則毫髮立覩。古無其製，獨劉跂《暇日記》中載杜和叔鞠獄，取水晶十數種以入，初不喻其意，既出，乃知案牘故暗者，水晶承日以照，其文立見，此眼鏡之所由製乎？

不合時宜

東坡一日退朝食罷，捫腹徐行，顧謂侍兒曰：「汝輩且道是中有何物？」一婢遽曰：「都是文章。」坡不以爲然。又一婢曰：「滿腹都是識見。」坡亦不以爲然。至朝雲乃曰：「學士一肚皮不合時宜樣子。」坡乃捧腹大笑。余謂朝雲之言，即前兩人之意也。古今不合時宜者，孰有出於文章、識見乎？若無文章，無識見，又何不合時宜之有？

皮船椽矢

宋太祖爲周殿前都虞候時，率兵圍壽州，嘗乘皮船入壽春，不知皮船之制何似？又壽春城上發連弩射之，矢大如椽，不知其弩之大亦何似？

絹易首級

宋太祖謂遼人精兵不過十萬，欲以二十匹絹購遼人一首，計用二百萬匹絹則遼人可盡。今制首虜一級賞銀五十兩，是重於二十匹絹，然歲費四百餘萬金，往往不能易一首級，何也？

王勃千歲曆

王勃以推步自名，作大唐千歲曆。其言五行之運，以土王者五十代，一千年；以金王者四十九代，九百年；水王者二十代，六百年；木王者三十代，八百年；火王者二十代，七百年。夫五行相禪，豈有參差。若土德獨長，或亦分旺之説，而水德獨短，何也？勃或有見，惜其書已亡，不得而詰耳。

赫胥氏

古有赫胥氏，一曰赫蘇氏。古「蘇」、「胥」通。傳謂赫然之德，爲人胥附，故云。是胥爲共義。又云：胥者，胥史之意，謂隆名不居，而以胥史自況也。未知孰是。

曷字辯

「曷」从曰，从匃。曰者，辭也；匃者，聲也，無義。葛天氏之幣，❶「葛」字从土、从曰。「曰」乃古之「合」字，❷即爲聲也。「曷」與「堨」同，所謂田堨，田堨土事，古人「曷」多作「[illegible]」。又《説文》：葛，蓋也，與鶡皆音蓋。《集韻》：蓋，覆也，居曷切。「蓋」、「曷」、「盍」三字古通，故「曷旦」作「盍旦」。❸「渴」、「碣」本从盍，「堨」、「碣」一从蓋，「轞」、「磕」、「嗑」一皆从葛，世不知爾。

李虚中以疽死

今之禄命家言云子平者，其説始於唐殿中侍御史李虚中也。第虚中以服水銀疽發背死，不知其曾自推算否。

❶ 「葛」，《嶺南遺書》本作「葛」。下文「曷」、「堨」、「鶡」、「渴」、「碣」，《嶺南遺書》本分别作「曷」、「堨」、「鶡」、「渴」、「碣」。
❷ 上兩「曰」字，《嶺南遺書》本均作「冃」。
❸ 「曷旦」原缺「旦」字，據《嶺南遺書》本補。

九還

北斗一日一夜一周天。天降地騰，從寅至申爲七返，却到坤處爲九還，此宋張景之説也。天地且不可無還返之説，況於人乎？故養神者先氣，氣先養腦，腦先養精，精先養血，血先養水。

天門開

宋王文正公旦幼時，見天門中開，其中有公姓名。麗莊敏藉帥延安日，中夜恍惚見天象成文，云「麗某後十年作相，當以仁佐天下」，凡十三字❶。余初以爲誕，及余師趙文懿公嘗謂余言，丁卯歲，在齋屋中忽見天門開，上有金甲神人現形數刻，因呼同窗者出視之，皆不見，惟公獨見也。次年即登第，後果大拜，乃知王、麗二公之事不誣。

在齊聞韶

子在齊聞《韶》，曰：「不圖爲樂之至於斯」，言不圖以帝王之樂而作於諸侯之國也，蓋有悲心焉。三月

❶「三」字原缺，據《嶺南遺書》本補。

不知肉味者，悲之至也，此亦八佾、歌雍，「奚取於三家之堂」意。

孔子不言樂

夏殷之禮，子能言之，而不及樂。鯉趨過庭訊以學禮，亦不及樂，豈以禮具而樂即存耶？夫古樂之亡久矣，即孔子亦無得而聞也。若告顏子爲邦而終之以《韶》舞，則于齊嘗聞《韶》，惟顏子或足以知之耳。

譜系之學

氏族譜系之學，我朝廢而不講，即講之，亦必不能精，自昔已然矣。如賀氏楚出，而慶亦爲賀，來本郲後，而來纖亦爲來。孔氏宋後，而孔達出於衛，孔張出於鄭，陳又有孔寧，齊又有孔虺。孫氏晉出，而一出於商，一出於衛。漢荀卿又曰孫，楚、宋皆有司馬，楚、衛皆著子南，周、楚之王孫既異于衛，秦、宋之王臣，復別於楚。諸國之分侯姓，三代之殊王氏，不可勝數矣。至于後世，兵火饑疫，離析流亡，又有違諱避仇、隨母假養、寄冒之類，紛然雜出，如之何攷之。

封禪

封禪自古有之，聖門絶不言及者，管仲曰：惟受命之君乃可行是，一代始一行之也，又須攷瑞崇德。故商有天下六百年，惟行于湯；周有天下八百年，惟行於成王。孔子之時，天命未改，故不必講求也。第六經之中，亦未有論及封禪者，惟見于《大戴禮》，嘗以爲疑。先儒謂舜類上帝，及柴燔岱宗，皆封禪也。然既曰一代一行，則柴燔岱宗之事乃五載且更舉矣，即以之爲封禪，所不敢安。

能耐通

古「耐」字多作「能」，「能」、「耐」古通用，而義各有在，《史》、《漢》《高紀》「耐以上請之」是也。「耐」者，去頰毫而不至髡，故「耐」亦音「耏」，後人「耐辱」、「耐久」，假借以書之爾。若以能忍爲「耐」，自有晁策「能寒」、「能暑」之例，《楚辭》、《荀子》皆以「能」讀如「耐」是也。

老始學詩

昔人有年過五十始學爲詩，竟以詩名者。杜少陵平生之詩千四百五篇，斷自《贈韋左丞二十二韻》爲始，以年譜考之，亦且四十餘矣。贈韋之作，追憶少年壯遊之詩，歷述往昔，遠比曹、楊，近交崔、魏，然其盛年之詩未有傳者，夔州以後，益老矣。黄魯直八歲有《送人赴舉》詩，云：「送君歸去玉帝前。若問舊時黄庭堅，謫在人間今八年。」晚年竟自删去，不收集中。余不能詩，幸今猶未五十，再三年乃學詩，未晚也。第恐玩愒歲月耳。

禮部韻

《禮部韻畧》初僅九千五百九十字，續降六十有五字，分爲五聲二百六韻，其間通用、獨用各别，若欣、淳、覃、咸，音相近而不同韻者多矣。至于冬、東、魚、虞、清、青、語、麌、御、遇、勁、徑、錫、昔，以字母推之，宜可同韻，豈不得附於先、仙、覃、談通古之例，何乃隔别而不許通押耶？麻韻從「奢」以後，馬韻從「寫」以後，禡韻從「藉」以後，雅音别之，宜當小異，豈不得用歌、戈、哿、果鄰韻之例，又何其纖悉於他韻，而濶畧於此也。況變隸已久，字文猥多，知音罕逢，反切易舛。韻家正如聚訟，自唐人《釋文》音韻行世，而士不知古音久矣。

易有小石

《易傳·説卦》「艮爲山，爲小石」，他卦别無爲大石者，豈《説卦》有脱簡耶？以意度之，宜曰爲大小石。二陰在下，小石也；一陽在上，大石也；是故「介于石」，互艮也；「漸于磐」，内艮也，《本義》曰：「磐，大石。」艮何止爲小石，亦爲大石矣。《易》中凡言石，皆主艮，惟「困於石」不主艮，遇兑之下，剛也。故《皇極經世》：「少剛爲土石」。❶ 土石同根，在先天爲巽坎，故土依於石，而石依於土；辰石相薄，在先天爲震巽，故辰爲之聲，則石爲之音；石之少剛與星之少陽同物，故石在天則爲星，而星在地則爲石，氣類然也。

❶ 《皇極經世》卷十一：「太柔爲水，太剛爲火，少柔爲土，少剛爲石，水火土石交而地之體盡之矣。」

五經皆有韻

《曲禮》以「安民哉」叶「思」、「辭」，以「將入户」叶「下」，以「將即席」叶「怍」，皆古音也。如《中庸》、《樂記》、《禮運》、《閒居》，其間韻語更多。夫《易》、《書》、《禮記》本不必韻，而猶有韻，則《詩》宜無有不韻者，何以《周頌》之韻多不叶，而《清廟》、《維天之命》乃通篇無韻？然則所謂詩者，豈曰韻語而已，蓋古詩字音句律皆天然中節。漢儒以後，乃以訓詁求《詩》，徒説其義，不通其音。試思三百篇，皆可絃可歌，後人泛作樂章，每有不中絃歌之節者，不知音故也。

四民

古之爲民者四，儒與吏皆士也。《周禮》六卿之官最爲親民，而獨無府史胥徒，不知誰爲之吏。竊意興賢出長，興能入治，即所興之賢能爲之吏也。故經文亟稱鄉吏、群吏，此時儒無非吏，吏無非儒耳。

古琴

經典琴瑟並言，《魯論》三言瑟，而不言琴，何也？宋時郊廟之樂，其琴以宫絃之中徽定，黄鐘引上一徽即大吕，商、角、徵、羽亦自中徽引上，每徽一律，以與瑟合，是古之琴不可聞矣。余意必不如今人之弄手取聲也，新調淫聲，钃瑣纅艻，❶余名之曰琴之異端。

火鈴

道家有火鈴之説。鈴，金也。火鈴，言火與金也。本出儒書，道家竊其緒耳。河圖之爲洛書也，二七合乎南者，四九乘之；四九合乎西者，二七乘之，圖體而書用也。五五，天數從横，十五則金火易位矣。五六，地數縱横，十八則水土易位矣。聖人不言地數，但以天數二十有五著于洛書者，金火入用之妙在焉。水中有火，故甚雨必電，電之下爲火光；火中有金，故震電必霆，霆之末爲聲，《度人經》言「擲火流鈴」，《黄庭》言「火兵符圖」，又言「火鈴冠霄」。人身中各有金火，天丁流金，火鈴非外索於鬼神也。天以金火行，人以金火生，用於祈禳，容有是理。然其學以神霄爲宗，此林靈素之幻妄也。第以政和之崇尚，竟致炎運之中否，火反克火，曾不能救玉帝之子，以長生青華之君，況後數百年，猶望其有靈乎？

祀孔子之始

自古之學，必先釋奠于先聖先師。釋《禮記》者謂《詩》、《書》、《禮》、《樂》各有師，若夔龍、伯夷、周、孔皆先聖先師也，故蜀殿畫繪古聖賢，其所祀者不止一孔子。至唐開元二十七年，始專祀孔子，而以其門人爲

❶ 「钃瑣纅艻」，《嶺南遺書》本作「瑣韻揉勢」。

配。凡今州郡通祀社稷、孔子，承開元之制也。自古仲春、季秋入學合樂，取斗建日纏卯戌合氣，以合樂也，唐始定春秋二仲上丁。至宋政和四年，太學雅樂成。凡今釋奠用樂，承政和之制也。

曾點鼓瑟

曾點浴沂之事，或是前時群浴因言志，或是想像寓言，非真浴也。若前時群浴，此時對師誇説，似非答問之禮；若託興寓言，無乃荒誕于師友之前，是狂者，又一不讓也。宋熊朋來善鼓瑟，嘗作《瑟譜》，自言嘗倚瑟三誦，覺得春入沂歸猶帶韻語，當是所鼓之瑟曲如此，時曲終道語及之，亦是一説。曾點非有意安排，求異三子者。三子言異日行志，曾點説當時瑟曲，聖人喟嘆與點，亦以瑟之曲也。古者，瑟有歌、有語、有道。道者，古人瑟歌之餘，以其曲道説一遍，故曰道，如賦家之有亂也。故朋來云然。不是真浴沂，亦不是寓言也。

乞墦

《孟子》乞墦章，先儒疑章首有闕，余意不但闕「孟子曰」三字而已。嘗合上章誦之，因思七篇中別無「瞯」字，此二章以「瞯夫子」、「瞯良人」洊言之，當出於一時也。竊意儲子更有問答，若曰：「人皆可爲堯舜，而不得爲者，何也？」遂及乞燔事。《韻釋》「瞯」與「覵」皆視也。因齊婦之瞯，言君子之覵。君子存之，則堯舜與同；庶民去之，則妻妾不羞。其分路處有相關者，因知二章未必同。余以兩「瞯」字疑其同，蓋自君子觀之，則知齊人所以不得爲堯舜矣。

石介七十喪未葬

宋石介自言石氏自周、漢已來至于宋百餘祀，自高曾以降至於七世孫有七十喪，皆未改葬。遂以書干王舍人君貺，須五十萬，書云：先人没，禄賜絶，故不免於凍餒。不知先人存日，禄賜不乏，不以改葬七十喪，何也？世之緩葬者固不少，然亦未有自高曾而下七十喪之衆皆不葬者，豈拘于堪輿之説耶？其云不改葬者，假葬也。古有假葬三年即吉之條，晉郄詵母亡，便於北堂壁間下棺，謂之假葬，三年遂即吉。衛瓘以其不應除服而議之。介既云七十喪未改葬，則祖喪亦在其中，而先人乃仕宦如彼，豈不應除服之議不行於宋耶？介，賢者，余偶讀其書，不能釋然也。

帝王之後皆蠻夷

閲諸傳記，古帝王之後多爲蠻夷。戎狄、巴人出於伏羲，玄氏羌、九州戎出於炎帝，諸蠻、髦民、党項、安息出於黄帝，白民、防風、驩兜、三饒出於帝鴻，淮夷、允夷、鳩、蓼、羣舒出於少昊，昆吾、滇濮、歐閩、駱越出于高陽，東胡、儋人、暴輿、吐渾出於高辛，匈奴、突厥、没鹿、無餘出於夏后。夫中國姓氏譜系且不可據，而謂蠻夷戎狄皆系於帝王，其可信乎？昔元魏自謂蒼林之後，慕容自謂厭越之後，赫連自謂伯禹之後，亦猶安禄山自謂昌意後耳。古帝王有知，能不髮指？

文天祥考

陶宗儀《輟耕録》：「元至元間，文丞相天祥有子出爲郡教授，行數驛，不病而卒，士人皆以詩悼焉。閩士翁某者，有曰『地下脩文同父子，人間讀史各君臣』。」蓋誚之也。余不以爲然，子即不肖，亦豈肯忘父事讐耶！元人見丞相不屈於元，故誣以子復事元耳。及按《宋史》，丞相僅一子。景炎三年，丞相屯軍麗江浦，時軍中疫起，子與母皆死于麗江。是丞相無子。又按：丞相集中紀年及丞相《集杜句諸詩》，丞相有二子，與丞相母曾夫人俱以疫死麗江者十三歲，名道生，歐陽夫人出也；次名佛生，則黄夫人所出。景炎二年，空坑之敗，黄夫人携之以竄，遂失所在。故《集杜句》第一百四十三章小序「佛生已死」，第一百四十九章小序曰「吾有二子」。是丞相之子，又似止有道生、佛生，皆物故矣。丞相囚燕京，于辛巳年正月元日嘗爲書以付男陞，則弟璧之子，丞相撫以爲嗣者也。宗儀所誣事元者，豈即陞耶？丞相被誅，陞既襄大事，且廬墓三年矣，非不肖者，豈復事元乎？若是，則丞相未嘗無子，特非丞相所出耳。《宋史》即謂丞相無子者，蓋隨丞相守余惠州而以城降元者。丞相雖死，而興復宋室一念，目猶不瞑。譔《宋史》者，元人也，恐丞相後人有欲爲伍員者。故璧也，父既不忠，子即事元，理或有之，然丞相《家傳》又曰「丞相無子」，以絶人望耳。丞相有二弟，曰璧，曰璋，皆云❶元仁

❶「《宋史》即謂……曰璋，皆云」，《嶺南遺書》本作「《宋史》即謂丞相無子者，丞相雖死，而興復宋室一念，目猶不瞑。譔《宋史》者，元人也，恐丞相後人有欲爲伍員者，故曰丞相無子，以絶人望耳。蓋隨丞相守余惠州而以城降元者，璧也。父既不忠，子即事元，理或有之。然丞相《家傳》又曰丞相有二弟，曰璧，曰璋，皆亡。」

宗在潛邸，嘗聞陞名，召見之，及即位，官以集賢直學士。乞歸，得代于南海，道卒，乃官其子富爲興文署丞。是陞果嘗事元，而云乞歸，或亦良心時露耳。第至元至仁宗，凡隔四十餘年，既云至元間出爲教授，不病而卒矣，又安得至仁宗朝復官集賢學士耶？甚矣！宗儀之謬也。嗚呼！璧之以城降于元也，元主呼璧曰：「是能孝順我。」若璧者，亦難爲兄矣。《宋史》既不欲詳丞相後事，近代《吉安郡志》傳丞相者，亦復草草。而丞相被執時，即余鄉五坡嶺麗江，亦余鄉歸善地也。余數四往來，輒低佪不能去，偶閱《輟耕録》，故詳著焉。

宫詞

《古今宫詞》，唐王仲初建一百篇，宋王禹玉珪六十七篇，蜀花蕊夫人九十八篇，宋寧宗楊后五十篇，此世所共傳也。宋元豐初，有宦者王紳效仲初亦作宫詞百篇，則世無傳焉。偶於他書得其二篇，《太皇皇太后生日詩》云：「太皇生日最尊榮，獻壽宫中未五更。天子捧觴仍再拜，寶慈侍立到天明。」《太后幸景靈宫駕前露面雙童女詩》：「平明綵仗幸琳宫，紫府仙童下九重。整頓瓏璁時駐馬，畫工暗地畫真容。」二詩亦有思致，其餘必多有可觀者，豈以其出于奄竪輩，故不傳耶？第古今此輩能文者絶少，安可以人廢言也。「寶慈」二字，《宋史》不載，當是皇太后宫名。雙童女露面，則當時從幸女侍皆帕覆首也，此亦宋制諸書未詳者。

禹錫玄圭

《禹貢》「禹錫玄圭，告厥成功」，《書傳》直言「堯賜玄圭」，此于「錫」字固當，但正文明言「禹錫」，而解之以「堯賜」，不相背乎？故蔡沈又謂「錫」與「師錫」之「錫」同，言禹以玄圭爲贄，而告成功于舜也。是于正文不背，但沈于《堯典》「師錫」，則從《書傳》「錫與」也。禹告成功時，尚爲人臣，而以玄圭贄見于君，可稱「與」乎？按《爾雅》：「錫，賜也。」是錫止爲上賜下之義。若如沈説，以「禹錫玄圭」爲錫于堯，亦猶端木賜之字子貢也。以貢爲賜，以錫爲贄，終屬强解。宋儒熊朋來謂五經惟《尚書》最難讀，以古文、今文既異，且壁藏歲遠，殘闕既多，伏生口授不無訛舛。余謂「禹錫玄圭」之語，上下必有闕誤，《書傳》既失，蔡沈亦未爲得也。

郭公

《春秋》書「郭公」，胡安國以爲「郭亡」，本于齊桓公「郭何故亡」之語。邢延舉謂《春秋》中所書昔無今有者，皆以爲災，如有蜚、有蜚之類是也。遂以《本草》所載鳥名布穀者，江東呼爲郭公，疑此郭公爲如書蜚、書蜚之類。謂昔無郭公而今始有之，故書也。亦太鑿矣。古今傳疑不可曉者，即孔子且闕之，後學何必强爲之説。

顔謝優劣

昔人皆以顔、謝並稱，至今宗之。余謂顔不及謝，非止一塵。謝詩奇拔，意多在言外，即鮑明遠初日芙蓉之喻，亦止言其色澤耳，未足以盡謝之妙處。若顔則一以組織爲工，間作老學究口吻，無論全集，即昭明所選顔詩，已不及謝詩多矣。

漢高祖尊母不尊父

漢高祖得天下之五年二月，即皇帝位，先封高后曰皇后，子曰皇太子，亦追尊其母曰昭靈夫人。婦爲后，母爲夫人，豈當時禮制尚未暇講耶？時太公乃遺而不封，已不可解。七年春正月，又封劉賈及兄喜暨弟交之子肥諸人爲王。三月復趣丞相差次大小功臣，封之。而太公復未議封，即羣臣亦無一言及之，何也？逮帝五日一朝太公，家令説太公擁篲郤行，帝乃大驚，始下詔曰：「諸王、通侯、將軍、羣卿、大夫已尊朕爲皇帝，而太公未有號，今尊太公曰太上皇帝。」是帝爲天子已七年，而太公尚爲庶人也。至九年，置酒未央宫，帝奉玉巵爲太上皇壽，乃曰：「始大人以臣亡賴，不能如仲治産，今所就孰與仲多？」羣臣皆大笑。噫！太公之七年爲庶人也，帝得無宿怨乎？亦大異矣！後十年，太上皇帝崩，雖令諸侯國皆立太上皇廟，亦何益哉！更可異者，太上皇之號，秦始皇以封秦莊襄也，以死者之封封生者，季不讀書，信乎！

九州考

《禹貢》九州：雍、梁、荆、豫、徐、揚、冀、青、兖；《周禮·夏官·職方氏》之九州，則無徐、梁，而加幽、并；《漢·地理志》謂「監二代，改徐、梁二州合于雍、青，分冀爲幽、并」。《爾雅》亦以「并」爲「營」，故先儒謂《禹貢》之九州乃唐制，而禹因之也。余按：《真源賦》：「伏羲别九宫，因置九州。」《法語》亦曰：「伏羲作八卦，分九州。」《周公職録》又曰：「黄帝受命，風后受圖，割地布九州。」則九州又非始於唐，而先儒誤矣。余意九州斷非始于夏商，特九州之名至禹而始定耳。第未知伏羲、黄帝時，九州之名與夏周同否？

誅少正卯

孔子攝相事七日，即誅少正卯，此固去惡欲速之意，然亦以其非真相也，特攝之耳。其不待八日、九日者，安知八日不遭逐，而九日不失位乎？七日之内，萬一女樂至，則吞舟終漏網矣。此七日而誅少正卯，非失于欲速也，蓋有深意也。

郭汾陽二十四考辯

郭汾陽二十四考書「中書」，余嘗思之，不得其説。汾陽以天寶八載始爲左衛大將軍，至德宗建中二年卒于官，壽八十五，其在事僅三十有五年耳。及爲中書令，乃德宗即位，建中元年也，是爲中書令未滿二年，安得有二十四考耶？今汾陽傳明言「以身係安危二十年，校中書考二十有四」，此何謂也？因閲《唐書·職官志》，「凡入仕之後，遷代則以四考爲限」，此武德初年所定考叙之制，然亦未著若干年爲一考。又閲《唐考功令》：百司之長，歲較其屬，凡有四善，四善之外，有二十七最。疑二十四考即二十四最。而汾陽所居官，又止與「兵士調習，戎裝克備，爲督領之最」、「賞罰嚴明，攻戰必勝，爲將帥之最」二條相合耳。且未嘗爲人屬吏也，其非二十四最可知。況中宗朝盧懷慎疏：「凡百官在任未經四考，不許遷除。」玄宗二十五年，詔：「考課官人三年一奏，永爲定式。」二十七年，赦文亦云「三載考績」，歷肅至德，守而未變。其云歲終之課，正如今外官季報、年報之考語，非大計之考也。故汾陽當時亦三年一考無疑，如二十四考，則爲七十二年，是汾陽十三歲即入仕也。史傳固未言汾陽若干歲入仕，其斷非十三歲明矣。或者又以考功員外郎李渤議，歲終考校，宰相而下升黜之名第，其時以宰相段文昌爲下考，則一年一考，汾陽在事三十五年，故亦得二十四考耳。余又按：李渤爲考功員外，乃憲宗元和二年，則汾陽捐館久矣。余臆斷之：汾陽有大功，與諸臣不同，豈其或行師，或出鎮，每有一功即爲一考耶？其云「校中書考」者，亦每一考即紀録于中書省云耳，非以居中書而考也。考古君子，幸是正之。

關侯謚辯❶

漢關侯之謚壯繆也。陳壽以《謚法》「名與實爽曰繆」，《傳》之謂侯剛而自用，戾以取敗也。千載之下，卒無一人出半語爲侯表暴者，至令侯與晉賈充、唐許敬宗諸匪人同科。余竊冤之。壽曰：樊、鄧之敗，侯實自取。荊州一失，蜀之大事去矣。以「繆」爲「謬」固宜。嗟嗟！侯死而荊州失，此非侯罪也。侯圍樊、鄧時，居江陵供軍資者糜芳，壯聲援者傅士仁也，二人者憾侯積輕之，不悉相救，更聞侯欲還日置之法，故二人入權問，迎權。夫受鉞矣，不用命者誅，芳、仁逗留，不當問乎？不即問之，語復宣洩，以啓叛心，侯計誠左。然以此罪侯，謚以不美，則當時未聞有此議也。余閱《國志》，趙翊軍之謚順平也，其議甚詳。當時議謚，殊不草草。且張新亭謚桓矣，馬平西謚威矣，黃漢升謚剛矣，諸公皆出髯下者皆得美謚，侯之忠勇，蜀之朝野誰不傾心，禪雖昏庸，豈昧于侯？諸公議謚時，景耀三年也。姜伯約輩豈皆有憾於侯而故加以不美之謚乎？《謚法》有之，「布德執義曰穆，中情見貌曰穆」，《禮記・大傳》「以序昭穆」，古本作「繆」，《左傳》「穆」多作「繆」，是「穆」、「繆」古文皆通。夫布德執義，中情見貌，孰過侯者？謚曰壯繆，亦猶秦穆、魯穆或作「繆」耳，而以「繆」爲繆戾之「繆」，橫生訾議，甚矣，壽之闇於謚也。第壽之議，抑亦有端。侯爲氣多上人，於士大夫鮮所下，士大夫時或宿憾，即當時謚「繆」爲「穆」，安知無芳、仁輩，若者不以繆戾之「繆」藉口而甘心。第壽實憾蜀，即諸葛武侯尚不能塞其口。武侯而下，盛名惟侯，謂「繆」爲「謬」，惟以快讒慝耳。後主有知，

❶ 本段原缺，據明刻本補。

能不令姜伯約輩共拔壽舌乎？余友人謝少連者譔《季漢書》，輙復因沿壽說，故詳辯之，以貽少連，且復書一通，告侯祠下，爲侯吐氣。

薛居正子婦

張齊賢亦宋之名相也，故相薛居正子婦柴氏無子，欲攜貲産改適齊賢，而爲居正庶子安上者訴於真宗，既足掩口矣。安上不肖，真宗著令不得貿其居第，而向敏中則貿之。於是柴氏憾安上，并憾敏中，亦訴於真宗，謂敏中嘗求娶己，不許，故陰芘安上。此一嫠婦也，而兩相君皆欲娶之，豈以貲聞？抑以色重耶？

漢書古本

今世所行《史記》、《漢書》，未必皆舊本也。宋仁宗朝，詔胡瑗定雅樂，益州鄉貢士房庶嘗著《樂書補亡》，云嘗得古本《漢志》，論黄鍾起數，脱去「之起積一千二百黍」八字，則古本《漢書》與今世所行者不盡同矣。

墨

今世有新都方建元者，爲《墨譜》；又有程君房《墨苑》，皆行於世。其中所裒集，皆一時名公筆也，然未有能詳墨之所自始者。上古無墨，以竹挺點漆而書；中古有黑石可磨汁以書，或云即延安石液也。晉陸雲與兄機書曰「三臺上藏石墨數十萬斤」，不知即此石否？第又云「燒此消可用，然烟中人」，❶又疑此石燒之爲燼乃成墨，非磨汁即成墨也。魏晉間始有墨丸，則以漆燒烟和松煤爲之。晉之後乃有螺子墨，但陸雲送石墨與兄機已云「今送二螺」，則墨之名螺自晉已然，特未制之爲螺也。名之曰螺，亦是丸子，猶未製之爲片也。故米元章《畫史》謂晉人多用凹心硯，正以磨墨丸，貯墨瀋耳。至唐初，高麗歲貢松烟墨，用多年老松燒烟和鹿角膠爲片，與魏晉間墨丸以漆燒烟而不用膠者異矣。唐末墨工奚廷邽乃倣其法，然亦止用烟膠。宋熙豐間，有張遇者供御墨，始用油烟入腦麝金箔，謂之龍香劑，其法遂至今不改。世第知廷邽之墨入水不渝，而不知其法蓋出於高麗也。與張遇同時者，又有葉茂實，最得法，清黑不凝。余故表而出之，以補《墨譜》之闕。

璽印

古者天子未有璽，璽之一字，始見于《周禮》之「九節」有「璽節」也，鄭康成謂即今印章，止用之貨賄而已。節所以合之，而璽所以封之也。然掌之者小行人，非天子也。《左傳》「季武子取卞，使公冶問襄公璽書，追而與之」，諸侯有璽始此。故秦以前民皆佩璽，金、玉、銀、銅、犀、象皆方寸，各佩所好。至秦，惟天子始得稱璽，諸侯而下皆不得言璽，而曰印。丞相、將軍曰章，中二千石亦曰章，千石、六百石、四百石亦曰印，

❶「燒此消可用，然烟中人」，《嶺南遺書》本作「燒此消復可用，然烟中人不知」。

是章與印一也，皆古之璽也。而天子言璽，蓋自秦始也，然皆以組繫而佩之。余嘗見漢銅印，匾而方，大僅一寸許，紐中有圓竅以容組。按：《古今攷》方回曰：「印之背即謂鼻紐，印之面即印文，鐫篆字，❶空處爲竅，而以組穿之。」是組又不穿于鼻紐也，豈用時即解去其組，而用訖復穿以組耶？然余見漢印甚多，未有於篆文空處作孔以穿組者，不知方回之説何所據。又古者百官印皆佩於腰，故曰丈二之組。《南部新書》三十四：「司部官印悉納直廳，每郎官交印時，吏人繫之於臂，以相授。」繫腰、繫臂所以皆謂之佩也。楊虞卿爲吏部員外郎，始置匱，加鎖以貯之。蓋以今之印重而大，既非腰與臂所宜，非貯之於匱蓋不便矣。是印之有匱，自宋始也。若今之印有牌，以稽出入，有胥吏主之，在宋謂之印司，則今之印牌，亦自宋已然也。

不施其親

《論語》「君子不施其親」，何晏以『施』爲『易』言，不以他人之親易己之親也」，邢昺從之。《開元五經文字》以「施」爲「廢弛」，故陸氏本作「弛」，朱考亭從之。余按：諸子書「施」皆爲「殺而肆之」，故《内則》「施羊」、「施麋」、「施鹿」、「施麕」，《左傳》「秦施冀芮」、「晉施邢侯與叔魚於市」，《山海經》「殺而施之」，《晉語》「從欒氏者大戮施」，《莊子》「萇弘胣胣」即「施」也，《史記》「施陳餘」，周公首戒伯禽以「不施其親」者，正謂親者不可殺也。親而可殺，是於所厚者薄，則無所不薄矣，又何有於賢士大夫。故秦二世之殘骨肉，晉朝之戕

❶「鐫篆字」原作「篆鐫字」，據《續古今考》卷五乙正。

宗室，賢士大夫尚可仕其朝耶！《微子》一篇皆論出處大致，而以《周公謂伯禽》章次於中，其亦九經以親親繼尊賢之意乎？

商之後獨盛於夏周

《舜典》所稱伯禹以下二十有二人，而禹之功最大，故踵舜以興，身有天下矣。稷養契教，功亦不在禹下，而於天下未能身有之，惟子孫始繼世光大焉。稷之後爲成周，天地文明萃於一代。契之後亦數生聖賢，而商之賢君比夏與周又再多者，何也？開闢以來，未有性命之説，至湯始言「降衷」、「恒性」也。其萬世道學之祖乎？故不獨能身有天下，即其後王，若大戊、盤庚、武丁，皆能著書立言。雖凌遲之末，猶有三仁焉。微子宜有商而避之，弗父何宜有宋而又避之。至孔父嘉，乃别爲公族而受氏，五世之後，復生聖人，爲萬世帝王之師。是二十二人之中，契之明德，豈夏與周所能及乎？

几

古者室中度以几，故古人以几名室者。以諸器制度，惟几有《考工》之遺法也，今稱方丈、函丈，即此意。君子朝與燕坐，則設几而不敢倚，几之義重矣哉！故丹書之銘、誦訓之諫，曰無即安于几，禮也。

黄山谷不言命

黄山谷「道機禪觀」，皆臻其妙，獨不言命。其詩文爲星命家作者絶少，其與趙言、柳彦輔兩人，一方士，一日者，僅見於外集遺文而已。觀其誌非熊之墓，慨嘆夫命之不可恃，日者之不可憑，猶曰此爲非熊嘆耳。若其答林爲之有曰「由命非由拙」，而《放言》亦云「廢興宜有命」，乃知君子不可不知命，罕言之可也。

梧桐自生

鳳，鶉火之禽；桐，大火之精。梧桐嘗以三星見而放葉，火西流而落葉。鳳非梧不棲，以陽從陽也。一説凡燒餘赭黔之土，心星照之，則梧桐自生，是梧桐乃自生之物，非待於種也，故《詩》曰「梧桐生矣」，用字不苟如此。

書經今文古文

六經自《易》而外，惟《尚書》最古，亦惟《尚書》最難讀，自孟子已不能盡信，而況焚滅之餘，口授壁藏，僅有存者。科斗隸古，文字屢更，今所讀者，皆今字也，能與古文盡合乎？然古文《尚書》未必古，今文《尚書》未必非古，至若典謨分合不同，則不能無疑耳。能取《舜典》二十八字删去乎？《洪範》、《康誥》、《梓材》諸篇，未免錯簡，《多士》、《多方》先後失次，能以《集傳·武成》之例而改定乎？亦右文之世所當講也。

拆字法

《易卦》雖先聖之書，而於後世小術亦相同者。宋人胡易鑑者，能以《易卦》拆字知吉凶，於「咸其輔頰舌」得「癸丑狀元」，於「臀無膚」得「丁未探花」，蓋字文「臀」即「屍」也，「殿」諧其聲，乃以「無膚」去肉，爲殿頭之祥；而以卦爻第三，知其名次。以拆字法也。易鑑嘗有《易説》行於世，必有可觀者，惜今不傳矣。

石介不能書

偶友人持宋人真蹟相過賞鑒者，中有石介行書二十餘字，其遒勁不減蘇、黄、米、蔡諸公。余嗟賞久之，蘇、黄、米、蔡真蹟，在世不乏，石公此蹟，真鳳尾麟角矣。偶閲《徂徠集》，歐陽永叔嘗以書與介，言：「介字恠而且異，古今皆無，天下非之。」介復永叔書，言：「自幼學書，至於壯，積二十年，訖無所成，且不能自寫一刺，必倩能者，或時急要文字，必奔走鄰里，祈請於人。」則介不工書明甚。又云：「屑屑致意於數寸枯竹，半握秃毫，將以取高於人，特六藝之一耳。善如鍾、王，妙如虞、柳，不過在君人左右，供事圖寫，近乎執技以事上者。」此皆强辯以解説其無能者也。前友人所藏爲僞蹟，益明矣。

附録

《疑耀》僞書考

《疑耀》七卷，舊題李贄著，卷首有張萱原序，謂爲李贄授予，「屬以訂正」者。經細讀此書，知實非李贄著作，著者正是張萱自己。《四庫提要》卷一一九著録此書，同意王士禎此書爲萱自撰而嫁名李贄之説，是正確的。侯外廬主編《中國思想通史》，亦斷言「《疑耀》非李贄作」（第四卷下第一〇五一頁）。按張萱廣東博羅人，生平事跡略見于《明詩綜》卷五十三、《國朝獻徵録》卷八十八。

是書内容，尊孔崇儒，宗經徵聖之意一以貫之，對宋、明理學全無批判，衹在一些枝節問題上對朱熹有所不滿，如卷五之「朱考亭妄評杜詩」條。對假道學的抨擊，也未見一言。書中對許多人、事的具體評論，也與李贄意見相左。如，李贄《童心説》認爲《論語》、《孟子》是「迂闊門徒、懵懂弟子，記憶師説，有頭無尾，得後遺前」之著，而《疑耀》在談到《論語》時，卻盛贊：「甚矣，孔門弟子善於述聖志也！」（卷二「論語微子篇」條）又如，李贄不滿於孟子及《孟子》，明見於《焚書》、《藏書》，而《疑耀》則稱「余謂考古者當以聖經爲正，信漢儒不如信吾孟軻氏」（卷一「洞庭湘妃墓辯」條）。又如，李贄對董仲舒評價不高，在《藏書》中，董不與於「德業儒臣」、「行業儒臣」，而抑於「經學儒臣」中，而《疑耀》則稱董爲「萬世醇儒」（卷一「經濟」條）。又如，東晉王導在《藏書》中列於「因時大臣」，評價很高，而《疑耀》著者則同意楊慎王導非忠臣之説，稱王導「黨惡」，「萬世其有遺誅」（卷五「王導遺誅」條）。又如，《疑耀》强調「詩文必有所本」，「自古名家皆然」（卷三「詩文必有所本」條），此與李贄在《童心説》中所表明的文學觀正好相反。例證甚多，餘不一一。

《疑耀》重於考證，行文謹飭平正，與李贄的學風、文風，也完全不同。是書行文風格統一，不存在某甲著作摻入某乙文字問題，系出一人手筆。

考書中所述著者鄉貫、家庭情況、生平仕履，與李贄皆全無關係。

書中一再稱「吾廣」（卷六「蘭香」條）、「吾惠」（卷五「蘇東坡寓惠」條）、「余惠州」（卷七「文天祥考」條），知著者爲廣東惠州人。又稱「余鄉海忠介」（卷二「司馬文正海忠介」條），海瑞廣東瓊山人，「余鄉」亦「吾廣」之意。按張萱廣東博羅人，博羅明屬廣東惠州，在惠州府治歸善西北數十里。書中所稱著者鄉貫，正與張萱合。

書中談到「先大夫令滇」（卷一「高皇帝像」條），又稱「余有四弟而同母者三，中道見損，門祚衰薄」（卷一「伯仲塤篪」條），「衰慈八十，膝下止萱一兒，宦遠禄微，不能迎養」（卷三「骨肉相關」條）。這些都與李贄家庭情況不符。李贄父白齋公，爲郡諸生，終身未曾入仕，絶無「令滇」之事。李贄自謂「生而母太宜人徐氏没，幼而孤，莫知所長」（《焚書》卷三《卓吾略論》），「衰慈八十」之説，與李贄無關。又李贄弟妹七人，其年近六十居麻城時，尚皆在世，且「婚嫁各畢」（《焚書》卷一《復鄧石陽》），無「中道見損」事。著者既明言「衰慈八十，膝下止萱一兒」，《疑耀》所涉及的，祇能是張萱一己家事。

《疑耀》中，頗有涉及著者生平仕履者，皆與李贄生平不合。是書卷六談到著者從蘭谿趙文懿公游二十年（「司馬温公之貧」條），又稱「余師趙文懿公」（卷七「天門開」條）。按趙文懿公即趙志皋。志皋字汝邁，浙江蘭谿人，隆慶二年進士，萬曆初進侍讀，五年（一五七七）冬，以奪情事得罪權相張居正，出爲廣東副使，過三年，復以京察謫官，至萬曆十年（一五八二）張居正卒，始起官解州同知。十九年（一五九一），進禮部尚書兼東閣大學士，入參機務，二十九年（一六〇一）卒，謚文懿。由此推測，惠州人張萱之初識並從趙游，當在趙官廣東期間，張之登科入仕，應該都與趙有關，張入仕後，多任京官，故稱從趙游二十年。李贄初任京官，在嘉靖四十五年（一五六六），時趙尚未登進士第，隆慶二、三年（一五六八、一五六九），趙已登第入仕，任編修，李仍在京，但他們之間並無交往，更談不上師生關係。隆慶四年（一五七〇）以後，李贄官南京，官雲南，居湖北，凡二十餘年。至萬曆二十五年（一五九七）秋，始再至京師，居西山極樂寺，次年春天，即離京南下了，這期間，與趙仍無交往，從游二十年更無從談起。

《疑耀》提到「余直西省」（卷一「高皇帝像」條），「余幸承乏西省，校閲秘閣藏書」（卷一「石經」條），「余幸獲校秘閣書籍」（卷三「宋紙背面皆可書」條）。西省，唐、宋指中書省，明無中書省，西省指中書舍人。又卷三「宗藩之盛」條中，著者稱曾參與「纂修玉牒」，此亦中書舍人事。按李贄從未出任中書舍人，這些記載，都是張萱自述。

《疑耀》原序稱「戊申歲，余叨以地官，分務吴會」，書中也提到著者曾「作尚書郎」（卷四「三十六奉朝請」條）。地官即户部，知著者又曾任户部郎官。此亦張萱自述。戊申爲萬曆三十六年（一六〇八），是李贄被害之後六年了。

張萱著《疑耀》的時間，從書中亦大體可以考知。卷三「宗藩之盛」條云：「余纂修玉牒，萬曆二十二年止，屬籍者已十六萬人，今又十年，其生齒尚未知其數也。」以此可知，萬曆二十二年（一五九四），張萱正在中書舍人任上，而據「今又十年」一語，則萬曆三十二年（一六〇四），張萱正在撰寫《疑耀》，上距李贄被害，已有兩年了。

《疑耀》卷四「三十六奉朝請」條云：「余今將五十矣，始作尚書郎。」卷七「老始學詩」條云：「余不能詩，幸今猶未五十，再三年乃學詩，未晚也。」兩「今」字皆當指著《疑耀》時，即萬曆三十二年。由此可知，萬曆三十二年著《疑耀》時，張萱值任户部郎官之初期，其年齡，則爲四十七歲。上推張萱之生年，乃在嘉靖三十六年（一五五七），時李贄年三十一歲，已入仕三年矣。

二〇一二年於首都師範大學

張建業